DAS PERFEKTE KOCHBUCH IM MACHIATTO-STIL

Entdecken Sie die reichhaltige und kühne Welt der Machiatto-Aromen durch 100 kreative Rezepte

BRIDGET HINES

Urheberrechtliches Material ©2023

Alle Rechte vorbehalten

Kein Teil dieses Buches darf in irgendeiner Form oder mit irgendwelchen Mitteln ohne die entsprechende schriftliche Zustimmung des Herausgebers und Urheberrechtsinhabers verwendet oder übertragen werden, mit Ausnahme von kurzen Zitaten, die in einer Rezension verwendet werden. Dieses Buch sollte nicht als Ersatz für medizinische, rechtliche oder andere professionelle Beratung betrachtet werden.

INHALTSVERZEICHNIS

INHALTSVERZEICHNIS 3
EINFÜHRUNG 6
FRÜHSTÜCK 7
   1. KARAMELL-MACCHIATO-PFANNKUCHEN 8
   2. VANILLE-MANDEL-MACCHIATO-SMOOTHIE-BOWL 10
   3. HASELNUSS-MACCHIATO-OVERNIGHT-OATS 12
   4. MOKKA-MACCHIATO-JOGHURT-PARFAIT 14
   5. KOKOS-MACCHIATO-CHIA-PUDDING 16
   6. MACCHIATO FRENCH TOAST 18
   7. MACCHIATO-CREME-MUFFINS 20
   8. MACCHIATO-WAFFELN 23
   9. MACCHIATO-DONUTS 25
   10. MACCHIATO-MUFFINS 27
   11. MACCHIATO-PFANNKUCHEN 29
   12. MACCHIATO-SCONES 31
   13. KARAMELL-MACCHIATO-BANANENBROT 33
   14. MACCHIATO-ZIMTSCHNECKEN 36
   15. MACCHIATOBROT 39
   16. MACCHIATO BISCOTTI 41
   17. GEBACKENE KARAMELL-MACCHIATO-DONUTS 44
   18. MACCHIATO-CROISSANTS 47
   19. MACCHIATO-CHIP-MUFFINS 49
SNACKS 52
   20. CAFFÈ MACCHIATO-TÖRTCHENBECHER 53
   21. SCHOKOLADEN-KARAMELL-MACCHIATO-TRÜFFEL 55
   22. KARAMELL-MACCHIATO-KÄSEKUCHEN-HÄPPCHEN 58
   23. KARAMELL-MACCHIATO-BUTTERBONBONS 61
   24. MACCHIATO PINWHEELS 64
   25. MACCHIATO ENERGY BALLS 66
   26. MACCHIATO-KAFFEE-BOBA-WINDBEUTEL 68
   27. MACCHIATO-RINDE 71
   28. MACCHIATO-MÜSLIRIEGEL 73
   29. MOKKA-MANDEL-MACCHIATO-KEKSE 75
   30. MACCHIATO-BROWNIES 78
   31. MACCHIATO-POPCORN 80
   32. MACCHIATO-REIS-KRISPIE-LECKEREIEN 82
   33. MACCHIATO-QUADRATE 84
   34. MACCHIATO NANAIMO BARS 87
   35. MACCHIATO BROWNIES MIT WEIßER SCHOKOLADE 90
   36. MACCHIATO FLATS 93
   37. MACCHIATO-SHORTBREAD MIT DUNKLER SCHOKOLADE 96
   38. WEIßE SCHOKOLADEN-MACCHIATO-KEKSE 99
   39. MACCHIATO-UMSÄTZE 102
   40. MACCHIATO-PISTAZIEN-SHORTBREAD 104

41. Macchiato Danishes 107
42. Macchiato-Kekse 109
43. Macchiato Phyllo Cups 111
44. Macchiato-Haferkekse 114
45. Schokoladen-Macchiato-Toffee-Chip-Kekse 117
46. Macchiato Shortbread Sails 120

DESSERTS **123**

47. Macchiato Eclairs 124
48. Karamell-Macchiato-Halbmonde 126
49. Karamell-Macchiato-Mousse 128
50. Karamell-Macchiato-Trifle 130
51. Macchiato-Mousse 133
52. Geschichteter Karamell-Macchiato-Eiskuchen 135
53. Karamell-Macchiato-Kekse 137
54. Karamell-Macchiato-Cupcakes 139
55. Caramel Macchiato Thumbprints 142
56. Macchiato-Schokoladen-Herzkuchen 144
57. Mit Karamell gefüllte Macchiato-Kekse 147
58. Karamell-Macchiato-Eiscreme-Sandwiches 149
59. Karamell-Macchiato-Gelato 151
60. Karamell Macchiato Affogato 153
61. Karamell-Macchiato-Tres-Leches-Kuchen 155
62. Latte Macchiato Sahnetorte 158
63. Latte Macchiato-Käsekuchen 161
64. Macchiato Gugelhupf 164
65. Macchiato-Käsekuchen 166
66. Macchiato-Mousse-Kuchen 169
67. Karamell-Macchiato-Käsekuchen 172
68. Macchiato-Pudding-Kuchen 175
69. Macchiato-Chiffon-Kuchen 177
70. Macchiato-Brownie-Becher 180
71. Macchiato-Käsekuchen-Torte 183
72. Macchiato-Mousse-Torte 186
73. Macchiato-Sahne-Torte 190
74. Macchiato Brownie Trifle 192
75. Karamell-Macchiato-Tiramisu-Parfaits 194
76. Macchiato-Schokoladen-Tarte 196
77. Latte Macchiato Panna Cotta 198
78. Macchiato-Pudding-Tarte 200
79. Macchiato Creme Brûlée 202
80. Macchiato-Pudding 204
81. Macchiato Karamellbonbons 206
82. Macchiato-Toffee 208
83. Macchiato-Reispudding 210
84. Macchiato Chocolate Pots de Creme 212
85. Macchiato-Eis 214

86. Macchiato Apple Crisp 217
87. Macchiato Peach Cobbler 219
88. Macchiato Blueberry Crisp 221
89. Cherry Cobbler Macchiato 223
90. Macchiato Granita 225
91. Macchiato-Tiramisu 227
92. Macchiato-Eis 229
93. Macchiato Bobamisu 231
94. Macchiato-Kaffee-Eis am Stiel 234
95. Macchiato japanischer Baumwollkäsekuchen 236
96. Sorbet Macchiato 239
97. Macchiato-Tarte 241
98. Macchiato Affogato 243
99. Macarons mit Macchiato-Füllung 245
100. Macchiato Panna Cotta 248
SCHLUSSFOLGERUNG 250

EINFÜHRUNG

Willkommen, Kaffeeliebhaber und Kenner, auf einer Reise, die über das Gewöhnliche hinausgeht und tief in die reichhaltige und kühne Welt der Machiatto-Aromen eintaucht. Im Reich des Kaffees, wo jede Tasse eine Leinwand ist, die darauf wartet, mit den Farben des Aromas und Geschmacks bemalt zu werden, steht der Machiatto als Inbegriff von Einfachheit und Eleganz. „Das perfekte kochbuch im machiatto-stil" lädt Sie ein, Ihr Kaffeeerlebnis zu verbessern und das Potenzial dieses klassischen und dennoch vielseitigen Getränks durch 100 kreative und köstliche Rezepte auszuschöpfen.

Stellen Sie sich die Szene vor: das Zischen der Espressomaschine, den berauschenden Duft frisch gemahlener Kaffeebohnen und die Vorfreude, die in der Luft liegt, während Sie sich auf die Reise begeben, den perfekten Machiatto zu kreieren. Auf diesen Seiten gehen wir über die Routine hinaus und vertiefen uns in die Kunstfertigkeit der Machiatto-Herstellung. Jedes Rezept ist eine sorgfältig ausgearbeitete Symphonie, die die Intensität des Espressos mit der samtigen Fülle aufgeschäumter Milch verbindet und eine Geschmackspalette bietet, die über die traditionellen Grenzen dieses beliebten Kaffeegetränks hinausgeht.

Egal, ob Sie ein erfahrener Kaffeeliebhaber, ein angehender Barista oder jemand sind, der gerade erst anfängt, die Welt des Espressos zu erkunden, dieses Kochbuch soll Ihr Begleiter sein. Gemeinsam erkunden wir die Techniken, Zutaten und kreativen Wendungen, die einen einfachen Machiatto zu einem geschmackvollen und genussvollen Erlebnis machen.

Wenn Sie sich also auf diese Kaffee-Odyssee begeben, möge Ihre Tasse von der Fülle, Kühnheit und Kreativität überfließen, die die Welt des Machiatto ausmachen. Auf die Freude, neue Geschmacksrichtungen zu entdecken, auf die Kunst, die perfekte Tasse zu kreieren, und auf den einfachen Genuss, der mit jedem Schluck einhergeht. Schnappen Sie sich Ihre Lieblingstasse, starten Sie die Espressomaschine und tauchen Sie ein in das ultimative Machiatto-inspirierte Kochbuch. Mögen Ihre Kaffeemomente einfach außergewöhnlich sein!

FRÜHSTÜCK

1.Karamell-Macchiato-Pfannkuchen

ZUTATEN:
- 1 Tasse Pfannkuchenmischung
- 1/2 Tasse Milch
- 1 Ei
- 2 Esslöffel Karamellsauce
- 1 Schuss Espresso (oder starker Kaffee)

ANWEISUNGEN:
a) In einer Schüssel Pfannkuchenmischung, Milch und Ei glatt rühren.
b) Erhitzen Sie eine Grillplatte oder eine beschichtete Pfanne bei mittlerer Hitze.
c) Gießen Sie 1/4 Tasse Teig auf die Grillplatte.
d) Während des Kochens jeden Pfannkuchen mit Karamellsauce beträufeln und eine kleine Menge Espresso darüber geben.
e) Drehen Sie die Pfannkuchen um, wenn sich auf der Oberfläche Blasen bilden, und backen Sie sie, bis sie goldbraun sind.
f) Mit zusätzlicher Karamellsauce und einem Schuss Espresso als Beilage servieren.

2.Vanille-Mandel-Macchiato-Smoothie-Bowl

ZUTATEN:
- 1 gefrorene Banane
- 1/2 Tasse Mandelmilch
- 1/2 Tasse gebrühter Kaffee, gekühlt
- 1 Esslöffel Mandelbutter
- 1 Teelöffel Vanilleextrakt
- Müsli, Mandelblättchen und Honig als Belag

ANWEISUNGEN:
a) Gefrorene Banane, Mandelmilch, Kaffee, Mandelbutter und Vanilleextrakt glatt rühren.
b) Den Smoothie in eine Schüssel geben.
c) Einen Schuss Espresso im Macchiato-Stil darüberträufeln.
d) Mit Müsli, Mandelblättchen und einem Schuss Honig belegen.

3.Haselnuss-Macchiato-Overnight-Oats

ZUTATEN:
- 1/2 Tasse Haferflocken
- 1/2 Tasse Milch (auf Milch- oder Pflanzenbasis)
- 1 Esslöffel Haselnusssirup
- 1 Schuss Espresso (oder starker Kaffee)
- Gehackte Haselnüsse zum Garnieren

ANWEISUNGEN:
a) In einem Glas Haferflocken, Milch, Haselnusssirup und Espresso vermischen.
b) Gut umrühren, abdecken und über Nacht kühl stellen.
c) Morgens gut umrühren und mit gehackten Haselnüssen bestreuen.

4.Mokka-Macchiato-Joghurt-Parfait

ZUTATEN:
- 1 Tasse griechischer Joghurt
- 2 Esslöffel Schokoladensirup
- 1 Schuss Espresso (oder starker Kaffee)
- 2 Esslöffel zerstoßene Kaffeebohnen mit Schokoladenüberzug
- Frische Beeren zum Garnieren

ANWEISUNGEN:
a) In einem Glas oder einer Schüssel griechischen Joghurt, Schokoladensirup und Espresso schichten.
b) Wiederholen Sie die Schichten.
c) Mit zerkleinerten, mit Schokolade überzogenen Kaffeebohnen und frischen Beeren belegen.

5. Kokos-Macchiato-Chia-Pudding

ZUTATEN:
- 3 Esslöffel Chiasamen
- 1 Tasse Kokosmilch
- 1 Esslöffel Ahornsirup
- 1 Schuss Espresso (oder starker Kaffee)
- Geröstete Kokosflocken zum Garnieren

ANWEISUNGEN:
a) Mischen Sie in einer Schüssel Chiasamen, Kokosmilch, Ahornsirup und Espresso.
b) Gut umrühren und mindestens 2 Stunden oder über Nacht im Kühlschrank lagern.
c) Vor dem Servieren gut umrühren und mit gerösteten Kokosraspeln belegen.

6.Macchiato -French-Toast

ZUTATEN:
- 2 Esslöffel Instantkaffee
- 2 Esslöffel Zucker
- 2 Esslöffel heißes Wasser
- 4 Scheiben Brot
- 2 Eier
- ½ Tasse Milch
- 1 Teelöffel Vanilleextrakt
- Butter zum Kochen

ANWEISUNGEN:
a) In einer Schüssel Instantkaffee, Zucker und heißes Wasser verrühren, bis eine dicke und schaumige Masse entsteht.
b) In einer flachen Schüssel Eier, Milch und Vanilleextrakt verquirlen.
c) Tauchen Sie jede Brotscheibe in die Eimischung und bestreichen Sie beide Seiten damit.
d) Die Hälfte der geschlagenen Macchiato-Mischung vorsichtig unter die restliche Eimischung heben.
e) Eine Bratpfanne oder Grillplatte bei mittlerer Hitze erhitzen und Butter schmelzen.
f) Die eingeweichten Brotscheiben auf beiden Seiten goldbraun backen.
g) Servieren Sie den French Toast mit einem Klecks der restlichen Macchiato-Mischung darauf.

7. Macchiato- Creme-Muffins

ZUTATEN:
FÜR DIE SCHOKOLADENWÄSCHE:
- ¼ Tasse Allzweckmehl
- 2 Esslöffel brauner Zucker, leicht verpackt
- 1 Teelöffel Zimt
- 2 Esslöffel Butter oder Margarine
- 2 Quadrate halbsüße Schokolade, gehackt

FÜR DEN MUFFIN-TEIG:
- 2 Esslöffel Instantkaffeegranulat
- ½ Tasse heißes Wasser
- 2 ½ Tassen Allzweckmehl
- ½ Tasse) Zucker
- 1 Esslöffel Backpulver
- 1 Teelöffel Zimt
- ½ Teelöffel Salz
- 2 Eier
- 1 Tasse Sauerrahm
- ⅓ Tasse Butter oder Margarine, geschmolzen
- 1 quadratische halbsüße Schokolade, geschmolzen (optional)

ANWEISUNGEN:
a) Muffinförmchen einfetten oder mit Papierbackförmchen auslegen. Heizen Sie Ihren Backofen auf 400 °F (200 °C) vor.

FÜR DIE SCHOKOLADENWÄSCHE:
b) In einer kleinen Schüssel Allzweckmehl, braunen Zucker und Zimt vermischen.
c) Die Butter hineinschneiden, bis die Mischung feinen Krümeln ähnelt.
d) Die gehackte Schokolade unterrühren. Stellen Sie diese Schokoladen-Riffel-Mischung beiseite.

FÜR DEN MUFFIN-TEIG:
e) Lösen Sie das Instantkaffeegranulat im heißen Wasser auf und lassen Sie es abkühlen.
f) In einer großen Schüssel Allzweckmehl, Zucker, Backpulver, Zimt und Salz vermischen.
g) In einer anderen Schüssel Eier, Sauerrahm, geschmolzene Butter und die abgekühlte Kaffeemischung mit einem Schneebesen oder einer Gabel verquirlen.
h) Rühren Sie die flüssige Mischung unter die trockenen Zutaten und rühren Sie, bis sie feucht ist. Der Teig wird steif sein.
i) Die Hälfte des Muffin-Teigs in die vorbereiteten Muffinförmchen füllen.
j) Einen gehäuften Esslöffel der Schokoladen-Riffel-Mischung auf jeden Muffin geben.
k) Belegen Sie jeden Muffin mit dem restlichen Muffin-Teig.
l) Im vorgeheizten Backofen 20 bis 25 Minuten backen oder bis sich die Muffins fest anfühlen.
m) Lassen Sie die Muffins 5 Minuten in der Form abkühlen, nehmen Sie sie dann aus der Form und legen Sie sie auf ein Kühlregal.
n) Nach Belieben die geschmolzene Schokolade über die Muffins träufeln.
o) Genießen Sie Ihre köstlichen Macchiato-Creme-Muffins mit Chocolate Ripple!

8.Macchiato -Waffeln

ZUTATEN:
- 2 Esslöffel Instantkaffee
- 2 Esslöffel Zucker
- 2 Esslöffel heißes Wasser
- 1 ¾ Tassen Allzweckmehl
- 2 Teelöffel Backpulver
- ½ Teelöffel Salz
- 2 Esslöffel Zucker
- 1 ¾ Tassen Milch
- ⅓ Tasse Pflanzenöl
- 2 Eier

ANWEISUNGEN:

a) In einer Schüssel Instantkaffee, Zucker und heißes Wasser verrühren, bis eine dicke und schaumige Masse entsteht.

b) In einer separaten Schüssel Mehl, Backpulver, Salz und Zucker vermischen.

c) In einer anderen Schüssel Milch, Pflanzenöl und Eier verquirlen.

d) Die feuchten Zutaten zu den trockenen Zutaten geben und verrühren, bis alles gut vermischt ist.

e) Die Hälfte der geschlagenen Macchiato-Mischung vorsichtig unterheben.

f) Ein Waffeleisen vorheizen und leicht mit Öl oder Antihaftspray einfetten.

g) Den Teig auf das Waffeleisen gießen und goldbraun backen.

h) Mit der restlichen Macchiato-Mischung servieren.

9. Macchiato -Donuts

ZUTATEN:

- 2 Tassen Allzweckmehl
- ½ Tasse) Zucker
- 2 Teelöffel Backpulver
- ½ Teelöffel Salz
- ½ Tasse Milch
- 2 Eier
- 2 Esslöffel ungesalzene Butter, geschmolzen
- 2 Esslöffel Instantkaffee
- 2 Esslöffel heißes Wasser
- Öl zum braten
- Puderzucker (zum Bestäuben)

ANWEISUNGEN:

a) In einer Rührschüssel Mehl, Zucker, Backpulver und Salz vermischen.
b) In einer separaten Schüssel Milch, Eier und geschmolzene Butter verquirlen.
c) Geben Sie nach und nach die feuchten Zutaten zu den trockenen Zutaten hinzu und rühren Sie, bis alles gut vermischt ist.
d) In einer kleinen Schüssel Instantkaffee und heißes Wasser schaumig verrühren.
e) Den Kaffeeschaum vorsichtig unter den Teig heben.
f) Öl in einer Fritteuse oder einem großen Topf auf 175 °C erhitzen.
g) Geben Sie einen Löffel Teig in das heiße Öl und braten Sie ihn goldbraun, wobei Sie ihn nach der Hälfte der Zeit wenden.
h) Die Donuts aus dem Öl nehmen und auf Papiertüchern abtropfen lassen.
i) Die Donuts mit Puderzucker bestäuben.
j) Servieren und genießen Sie die unwiderstehlichen Macchiato-Donuts!

10. Macchiato- Muffins

ZUTATEN:
- 2 Tassen Allzweckmehl
- ½ Tasse) Zucker
- 1 Esslöffel Backpulver
- ½ Teelöffel Salz
- 1 Tasse Milch
- ½ Tasse Pflanzenöl
- 2 Eier
- 2 Esslöffel Instantkaffee
- 2 Esslöffel heißes Wasser

ANWEISUNGEN:

a) Den Ofen auf 190 °C (375 °F) vorheizen und eine Muffinform mit Papierförmchen auslegen.

b) In einer Rührschüssel Mehl, Zucker, Backpulver und Salz vermischen.

c) In einer separaten Schüssel Milch, Pflanzenöl und Eier verquirlen.

d) Geben Sie nach und nach die feuchten Zutaten zu den trockenen Zutaten hinzu und rühren Sie, bis alles gut vermischt ist.

e) In einer kleinen Schüssel Instantkaffee und heißes Wasser schaumig verrühren.

f) Den Kaffeeschaum vorsichtig unter den Teig heben.

g) Füllen Sie jede Muffinform etwa zu ¾ mit dem Teig.

h) 18–20 Minuten backen oder bis ein in die Mitte gesteckter Zahnstocher sauber herauskommt.

i) Lassen Sie die Muffins vor dem Servieren abkühlen.

j) Genießen Sie die köstlichen Macchiato-Muffins als Frühstücksleckerei oder Snack!

11. Macchiato-Pfannkuchen

ZUTATEN:
- 2 Esslöffel Instantkaffee
- 2 Esslöffel Zucker
- 2 Esslöffel heißes Wasser
- 1 Tasse Allzweckmehl
- 1 Esslöffel Zucker
- 1 Teelöffel Backpulver
- ½ Teelöffel Backpulver
- ¼ Teelöffel Salz
- 1 Tasse Buttermilch
- 1 Ei
- 2 Esslöffel geschmolzene Butter

ANWEISUNGEN:
a) In einer Schüssel Instantkaffee, Zucker und heißes Wasser verrühren, bis eine dicke und schaumige Masse entsteht.
b) In einer separaten Schüssel Mehl, Zucker, Backpulver, Natron und Salz vermischen.
c) In einer anderen Schüssel Buttermilch, Ei und geschmolzene Butter verrühren.
d) Die trockenen Zutaten zu den feuchten Zutaten geben und verrühren, bis alles gut vermischt ist.
e) Die Hälfte der geschlagenen Macchiato-Mischung vorsichtig unterheben.
f) Erhitzen Sie eine beschichtete Pfanne oder Grillplatte bei mittlerer Hitze.
g) Für jeden Pfannkuchen ¼ Tasse Teig in die Pfanne geben.
h) Kochen, bis sich auf der Oberfläche Blasen bilden, dann umdrehen und goldbraun backen.
i) Mit der restlichen Macchiato-Mischung servieren.

12. Macchiato- Scones

ZUTATEN:
- 2 Tassen Allzweckmehl
- ¼ Tasse Kristallzucker
- 2 Esslöffel Instantkaffeegranulat
- 1 Esslöffel Backpulver
- ½ Teelöffel Salz
- ½ Tasse kalte ungesalzene Butter, gewürfelt
- ½ Tasse Sahne
- ¼ Tasse stark gebrühter Kaffee, abgekühlt
- 1 Teelöffel Vanilleextrakt
- ½ Tasse halbsüße Schokoladenstückchen (optional)
- 1 Ei (zum Waschen der Eier)
- Grober Zucker (zum Bestreuen, optional)

ANWEISUNGEN:

a) Heizen Sie Ihren Backofen auf 400 °F (200 °C) vor und legen Sie ein Backblech mit Backpapier aus.

b) In einer großen Rührschüssel Mehl, Kristallzucker, Instantkaffeegranulat, Backpulver und Salz verrühren.

c) Die kalte, gewürfelte Butter zu den trockenen Zutaten geben. Mit einem Ausstecher oder den Fingern die Butter in die trockene Mischung einarbeiten, bis sie wie grobe Krümel aussieht.

d) In einer separaten Schüssel die Sahne, den gebrühten Kaffee und den Vanilleextrakt vermischen.

e) Gießen Sie die feuchten Zutaten in die trockene Mischung und rühren Sie, bis sie sich gerade vermischt haben. Nach Belieben die halbsüßen Schokoladenstückchen unterheben.

f) Geben Sie den Teig auf eine bemehlte Fläche und kneten Sie ihn einige Male vorsichtig, bis er sich verbindet.

g) Den Teig zu einem etwa 2,5 cm dicken Kreis formen. Den Kreis in 8 Keile schneiden.

h) Die Scones auf das vorbereitete Backblech legen. Das Ei verquirlen und die Oberseite der Scones damit bestreichen. Bei Bedarf mit grobem Zucker bestreuen.

i) Im vorgeheizten Ofen 15–18 Minuten backen oder bis die Scones goldbraun sind und ein in die Mitte gesteckter Zahnstocher sauber herauskommt.

j) Lassen Sie die Macchiato-Scones vor dem Servieren auf einem Kuchengitter abkühlen.

13. Karamell-Macchiato-Bananenbrot

ZUTATEN:
- Kochspray
- 2 Tassen Allzweckmehl
- 1 Teelöffel Backpulver
- 1 Teelöffel Backpulver
- ½ Teelöffel gemahlener Zimt
- ⅛ Teelöffel Salz
- 2 große, sehr reife Bananen
- ½ Tasse flüssiger Kaffeeweißer mit Karamell-Macchiato-Geschmack
- ½ Tasse Pflanzenöl
- 2 Eier
- ⅔ Tasse weißer Zucker
- 2 Esslöffel Instantkaffeegranulat
- 6 Esslöffel ungesalzene Butter
- 6 Esslöffel brauner Zucker
- 1 Teelöffel Vanilleextrakt

ANWEISUNGEN:
a) Den Ofen auf 350 Grad F (175 Grad C) vorheizen. Sprühen Sie eine 9 x 5 Zoll große Kastenform mit Kochspray ein.
b) In einer Schüssel Mehl, Natron, Backpulver, Zimt und Salz verquirlen.

BANANENMISCHUNG:
c) In einer großen Rührschüssel die Bananen zerdrücken, bis sie fast glatt sind.
d) Kaffeesahne, Pflanzenöl, Eier, Zucker und Instantkaffeegranulat einrühren, bis sich das Kaffeegranulat auflöst.
e) Nach und nach die Mehlmischung einrühren, jeweils etwa eine halbe Tasse, bis der Teig fast glatt ist. Den Teig in die vorbereitete Kastenform füllen.

BACKEN:
f) Im vorgeheizten Ofen etwa 1 Stunde backen, bis ein Zahnstocher, der in die Mitte des Bananenbrots gesteckt wird, sauber herauskommt. Lassen Sie es abkühlen, bevor Sie es aus der Pfanne nehmen.

Karamellglasur:
g) Die ungesalzene Butter in einem Topf bei mittlerer Hitze schmelzen. Braunen Zucker und Vanilleextrakt untermischen.
h) Bringen Sie die Mischung unter Rühren zum Kochen, um den Zucker aufzulösen, und reduzieren Sie die Hitze auf köcheln.
i) Den Sirup 3 Minuten köcheln lassen. Lassen Sie es auf eine warme, aber flüssige Temperatur abkühlen und gießen Sie dann die Glasur über das Bananenbrot. Servieren, wenn die Glasur fest geworden ist.

14. Macchiato -Zimtschnecken

ZUTATEN:

- 2 ¾ Tassen Allzweckmehl
- ¼ Tasse Zucker
- 1 Teelöffel Salz
- 1 Päckchen Instanthefe
- ½ Tasse Milch
- ¼ Tasse ungesalzene Butter, geschmolzen
- 1 Ei
- 2 Esslöffel Instantkaffee
- 2 Esslöffel heißes Wasser
- ¼ Tasse Butter, weich
- ¼ Tasse brauner Zucker
- 1 Teelöffel Zimt
- Frischkäse-Frosting (optional)

ANWEISUNGEN:

a) In einer Rührschüssel Mehl, Zucker, Salz und Hefe vermischen.
b) In einem kleinen Topf die Milch erhitzen, bis sie warm ist.
c) In einer separaten Schüssel geschmolzene Butter und Ei verquirlen.
d) Nach und nach die warme Milch und die Buttermischung zu den trockenen Zutaten geben und verrühren, bis ein Teig entsteht.
e) Den Teig auf einer leicht bemehlten Oberfläche etwa 5 Minuten lang kneten, bis er glatt und elastisch ist.
f) Geben Sie den Teig in eine gefettete Schüssel, decken Sie ihn ab und lassen Sie ihn 1 Stunde lang oder bis er sein Volumen verdoppelt hat, an einem warmen Ort gehen.
g) In einer kleinen Schüssel Instantkaffee und heißes Wasser schaumig verrühren.
h) Den Teig auf einer bemehlten Fläche zu einem großen Rechteck ausrollen.
i) Weiche Butter auf dem Teig verteilen und an den Rändern einen kleinen Rand freilassen.
j) Braunen Zucker und Zimt gleichmäßig über die Butter streuen.
k) Verteilen Sie den Kaffeeschaum vorsichtig auf der Zucker-Zimt-Schicht.
l) Den Teig von einer Längsseite beginnend zu einer Rolle fest aufrollen.
m) Den Stamm in 12 gleich große Scheiben schneiden.
n) Die Scheiben in eine gefettete Auflaufform legen, abdecken und weitere 30 Minuten gehen lassen.
o) Heizen Sie den Ofen auf 375 °F (190 °C) vor.
p) Backen Sie die Zimtschnecken 20–25 Minuten lang oder bis sie goldbraun sind.
q) Nach Belieben die noch warmen Brötchen mit Frischkäse-Frosting beträufeln.
r) Servieren und genießen Sie warme und klebrige Macchiato-Zimtschnecken!

15. Macchiato-Brot

ZUTATEN:
- 3 Eiweiß
- 3 Esslöffel Zucker
- 3 Esslöffel Instantkaffee
- 3 Esslöffel heißes Wasser
- 1 Tasse Allzweckmehl
- 1 Teelöffel Backpulver
- Prise Salz

ANWEISUNGEN:

a) Heizen Sie Ihren Backofen auf 325 °F (165 °C) vor und legen Sie ein Backblech mit Backpapier aus.

b) In einer Rührschüssel Eiweiß und Zucker vermischen. Mit einem Elektromixer die Mischung verquirlen, bis sich steife Spitzen bilden. Das wird ein paar Minuten dauern.

c) Lösen Sie den Instantkaffee in einer separaten Schüssel in heißem Wasser auf und rühren Sie, bis er sich vollständig aufgelöst hat.

d) Die Kaffeemischung zum geschlagenen Eiweiß geben und vorsichtig unterheben, bis alles vollständig eingearbeitet ist.

e) In einer anderen Schüssel Allzweckmehl, Backpulver und Salz verrühren.

f) Geben Sie nach und nach die Trockenzutatenmischung zur Eiweißmischung hinzu und heben Sie sie vorsichtig unter, bis sie sich gerade vermischt hat. Achten Sie darauf, nicht zu viel zu mischen.

g) Geben Sie Kleckse des Teigs auf das vorbereitete Backblech und formen Sie daraus die gewünschten Brotformen oder Hügel.

h) Legen Sie das Backblech in den vorgeheizten Ofen und backen Sie es etwa 25 bis 30 Minuten lang oder bis das Brot goldbraun und fest ist.

i) Nach dem Backen das Macchiato-Brot aus dem Ofen nehmen und auf einem Kuchengitter abkühlen lassen.

16. Macchiato Biscotti

ZUTATEN:
- 2 Tassen ungebleichtes Allzweckmehl
- 1 Tasse Zucker
- ½ Teelöffel Backpulver
- ½ Teelöffel Backpulver
- ½ Teelöffel Salz
- ½ Teelöffel gemahlener Zimt
- ½ Teelöffel gemahlene Nelken
- ¼ Tasse stark gebrühter kalter Espresso
- 1 Esslöffel stark gebrühter kalter Espresso
- 1 Esslöffel Milch
- 1 Teelöffel Milch
- 1 großes Eigelb
- 1 Teelöffel Vanilleextrakt
- ¾ Tasse geröstete und grob gehackte Haselnüsse
- ½ Tasse halbsüße Schokoladenstückchen

ANWEISUNGEN:

a) In der Schüssel eines Elektromixers mit Rühraufsatz Mehl, Zucker, Natron, Backpulver, Salz, Zimt und Nelken gut vermischen.

b) In einer kleinen Schüssel den kalten Espresso, die Milch, das Eigelb und den Vanilleextrakt verrühren. Diese Mischung zu den trockenen Zutaten in den Mixer geben. Schlagen, bis ein Teig entsteht.

c) Die gerösteten und gehackten Haselnüsse und die halbsüßen Schokoladenstückchen unterrühren.

d) Den Teig auf eine bemehlte Fläche stürzen. Kneten Sie es mehrmals und teilen Sie es dann in zwei Hälften.

e) Formen Sie mit bemehlten Händen jede Teighälfte zu einem flachen Klotz von 30 cm Länge und 5 cm Breite. Legen Sie die Holzscheite mit einem Abstand von mindestens 7,5 cm auf ein großes, mit Butter bestrichenes und bemehltes Backblech.

f) Backen Sie die Holzscheite in der Mitte eines auf 175 °C (350 °F) vorgeheizten Ofens 35 Minuten lang. Lassen Sie sie auf dem Backblech auf einem Gitter etwa 10 Minuten lang abkühlen.

g) Reduzieren Sie die Ofentemperatur auf 300 °F (150 °C). Schneiden Sie die Holzscheite auf einem Schneidebrett diagonal in ¾-Zoll-Scheiben. Die Biscotti mit der Schnittfläche nach unten auf das Backblech legen.

h) Auf jeder Seite 5 bis 6 Minuten backen oder bis sie hellgolden werden.

i) Übertragen Sie die Biscotti auf Kühlregale und lassen Sie sie vollständig abkühlen.

j) Bewahren Sie die Biscotti in luftdichten Behältern auf, um sie frisch zu halten.

k) Genießen Sie Ihre hausgemachten Macchiato-Biscotti!

17.Gebackene Karamell-Macchiato-Donuts

ZUTATEN:
FÜR DIE DONUTS:
- 1 Tasse Allzweckmehl
- 1/2 Tasse Zucker
- 1 1/2 Teelöffel Backpulver
- 1/4 Teelöffel Salz
- 1/4 Teelöffel Zimt (oder Espressopulver)
- 1/4 Tasse Milch
- 1/3 Tasse International Delight® Caramel Macchiato Milchkännchen
- 1/2 Teelöffel weißer Essig
- 1/2 Teelöffel Vanilleextrakt
- 1 Ei
- 4 Esslöffel Butter, geschmolzen und abgekühlt

FÜR DIE GLASUR:
- 2 Esslöffel International Delight® Caramel Macchiato Milchkännchen
- 1/2 Teelöffel Vanilleextrakt
- 1 Tasse Puderzucker

ANWEISUNGEN:
a) Heizen Sie den Ofen auf 350 °F vor.
b) In einer großen Schüssel die trockenen Zutaten vermischen, indem man Mehl, Zucker, Backpulver, Salz und Zimt (oder Espressopulver) verrührt.
c) In einer separaten Schüssel Milch, International Delight® Caramel Macchiato Milchkännchen, weißen Essig, Vanille, Ei und geschmolzene Butter vermischen. Schneebesen, bis alles gut vermischt ist.
d) Die feuchten Zutaten zu den trockenen Zutaten geben und mit einem Spatel verrühren, bis sie eingearbeitet sind.
e) Fetten Sie eine 12-Donut-Form großzügig ein und geben Sie den Teig mit einem Esslöffel in die Donutform. Stellen Sie sicher, dass Sie die Form nur etwa zur Hälfte füllen, da Ihre Donuts sonst über den Rand der Form quellen.
f) 12 Minuten backen oder bis ein hineingesteckter Zahnstocher sauber herauskommt.
g) Aus dem Ofen nehmen, abkühlen lassen und dann aus der Pfanne nehmen.

FÜR DIE GLASUR:
h) Puderzucker, International Delight® Caramel Macchiato Milchkännchen und Vanille in einer kleinen Schüssel vermischen. Schneebesen, bis alles gut vermischt ist.
i) Tauchen Sie die abgekühlten Donuts in die Glasur und lassen Sie die Glasur auf einem Kühlregal leicht aushärten, bevor Sie sie genießen.

18.Macchiato- Croissants

ZUTATEN:
- 1 Portion Croissant-Teig (hausgemacht oder im Laden gekauft)
- ¼ Tasse Espresso oder starker Kaffee
- ½ Tasse Schokoladenstückchen
- ¼ Tasse gehobelte Mandeln (optional)
- Puderzucker zum Bestäuben

ANWEISUNGEN:

a) Heizen Sie Ihren Backofen gemäß der Anleitung für den Croissant-Teig vor.
b) Den Croissant-Teig ausrollen und in Dreiecke schneiden.
c) Tauchen Sie jedes Dreieck in den Espresso oder Kaffee.
d) Streuen Sie Schokoladenstückchen und Mandelblättchen (falls verwendet) über jedes Dreieck.
e) Rollen Sie jedes Dreieck auf, beginnend am breiten Ende.
f) Die Croissants auf ein Backblech legen und nach Teiganleitung backen.
g) Sobald sie gebacken und abgekühlt sind, bestäuben Sie sie vor dem Servieren mit Puderzucker.

19.Macchiato- Chip-Muffins

ZUTATEN:
FÜR DIE MUFFINS:
- 2 Tassen Allzweckmehl
- ¾ Tasse Zucker
- 2 ½ Teelöffel Backpulver
- ½ Teelöffel Salz
- 2 Teelöffel Instant-Espresso-Kaffeepulver
- ½ Teelöffel gemahlener Zimt
- 1 Tasse Milch (auf Wunsch überbrüht und abgekühlt)
- 1 Ei, leicht geschlagen
- ½ Tasse leicht gesalzene Butter oder Margarine, geschmolzen und abgekühlt
- 1 Teelöffel Vanilleextrakt
- ¾ Tasse halbsüße Schokoladen-Minichips

FÜR DEN ESPRESSO-AUFBRUCH:
- 4 Unzen Frischkäse, weich
- 1 Esslöffel Zucker
- ½ Teelöffel Vanilleextrakt
- ½ Teelöffel Instant-Espressopulver
- 1 Unze halbsüße Schokolade, gerieben

ANWEISUNGEN:
FÜR DIE MUFFINS:
a) Heizen Sie Ihren Backofen auf 190 °C (375 °F) vor und bereiten Sie eine Muffinform mit Papierförmchen vor oder fetten Sie die Förmchen ein.
b) In einer großen Schüssel Mehl, Zucker, Backpulver, Instant-Espresso-Kaffeepulver, Salz und gemahlenen Zimt verrühren.
c) In einer anderen Schüssel Milch, geschmolzene und abgekühlte Butter, leicht geschlagenes Ei und Vanilleextrakt gut verrühren.
d) Geben Sie die trockene Mischung zur feuchten Mischung und rühren Sie, bis alles gut vermischt ist.
e) Die halbsüßen Schokoladen-Minichips vorsichtig unterheben.
f) Geben Sie den Muffinteig in die vorbereiteten Muffinförmchen und füllen Sie diese jeweils etwa zu ⅔.
g) Im vorgeheizten Ofen 15–20 Minuten backen oder bis ein Zahnstocher, der in die Mitte eines Muffins gesteckt wird, sauber herauskommt.
h) Lassen Sie die Muffins einige Minuten in der Form abkühlen und geben Sie sie dann zum vollständigen Abkühlen auf einen Rost. Diese Muffins können für den späteren Genuss eingefroren werden.

FÜR DEN ESPRESSO-AUFBRUCH:
i) Alle Zutaten (Frischkäse, Zucker, Vanilleextrakt, Instant-Espressopulver und geriebene halbsüße Schokolade) in eine Küchenmaschine mit Stahlmesser geben.
j) Etwa 30 Sekunden lang verarbeiten oder bis eine glatte Masse entsteht, dabei anhalten und bei Bedarf die Seiten des Behälters mit einem Gummischaber abkratzen.
k) Den Espresso-Aufstrich sofort servieren oder abdecken und im Kühlschrank aufbewahren. Zum Servieren etwa 10 Minuten bei Zimmertemperatur stehen lassen, damit es weich wird.
l) Genießen Sie Ihre Macchiato-Chip-Muffins mit dem köstlichen Espresso-Aufstrich!

SNACKS

20.Caffè Macchiato - Törtchenbecher

ZUTATEN:
FÜR DIE KAFFEEMISCHUNG:
- 1 Esslöffel Kaffeelikör
- 1 Teelöffel Vanille
- 1 Teelöffel Instant-Espresso-Kaffeepulver

FÜR DIE TARTARTEN:
- 1 Tasse Butter, weich
- 1/2 Tasse Kristallzucker
- 1 Ei
- 2 Tassen Mehl

FÜR DIE KAFFEEFÜLLUNG:
- 1/4 Tasse Butter, weich
- 4 Tassen Puderzucker
- 1/4 Tasse Milch
- 2 Teelöffel Kaffeelikör

ZUM ENTSTAUBEN:
- Ungesüßtes Kakaopulver

ANWEISUNGEN:
a) Die ersten drei Zutaten (Kaffeelikör, Vanille und Instant-Espresso-Kaffeepulver) verrühren, bis sie sich aufgelöst haben. Beiseite legen.
b) Butter, Zucker und Ei schaumig schlagen. Die Kaffeemischung dazugeben und langsam das Mehl untermischen. Teilen Sie den Teig in zwei Hälften, wickeln Sie ihn in Plastikfolie ein und stellen Sie ihn eine Stunde lang in den Kühlschrank.
c) Teilen Sie jede Portion in 24 Kugeln und drücken Sie diese in ungefettete Mini-Tarte-Formen. Im vorgeheizten Ofen bei 180 °C 8–10 Minuten backen.
d) Aus dem Ofen nehmen und die Törtchen in der Mitte festdrücken. Lassen Sie sie 5–10 Minuten in den Pfannen abkühlen.
e) In einer mittelgroßen Schüssel die restliche Butter, Puderzucker, Milch, Vanille und Kaffeelikör glatt und schaumig schlagen.
f) Die Füllung in die abgekühlten Tortenböden spritzen oder löffeln und mit Kakaopulver bestäuben.

21. Schokoladen-Karamell-Macchiato-Trüffel

ZUTATEN:
FÜR DIE FÜLLUNG:
- 10 Medjool-Datteln, mindestens 1 Stunde eingeweicht
- 4 Esslöffel Mandelmilch
- 1 1/2 Teelöffel Vanilleextrakt
- 1 1/4 Teelöffel Espressosatz
- 1/2 Teelöffel Meersalz
- 1/2 Tasse rohe Cashewnüsse, mindestens 1 Stunde eingeweicht
- 1/4 Tasse Haferflocken (bei Bedarf glutenfrei)

FÜR DAS KARAMELL-TOPPING:
- 2 Esslöffel Mandelmilch

Für den Schokoladenüberzug:
- 1 Tasse gehackte vegane Schokolade oder Schokoladenstückchen
- 2 Teelöffel Kokosöl

ANWEISUNGEN:

a) Ein Backblech mit Backpapier auslegen und beiseite stellen.

b) In der Schüssel einer Küchenmaschine die Datteln glatt rühren. Mandelmilch, Vanilleextrakt und Salz hinzufügen. Zu einer glatten Masse verarbeiten und bei Bedarf die Seiten abkratzen. Nehmen Sie 2 Esslöffel der Mischung ab und geben Sie sie für später in eine Schüssel.

c) Geben Sie den Espresso, die Cashewnüsse und die Haferflocken in die Küchenmaschine und verarbeiten Sie sie weiter, bis sie glatt sind, wobei Sie bei Bedarf die Seiten abschaben. Das kann mehrere Minuten dauern.

d) Sobald die Mischung glatt ist, füllen Sie sie in einen Spritzbeutel oder eine wiederverschließbare Plastiktüte mit einem etwa 1 cm vom Ende entfernten Eckschnitt. Die Masse in kleine Tropfen auf das Backblech spritzen. Sie können mit 18 kleinen Klecksen beginnen oder mehr machen, wenn Sie möchten, aber es dauert länger, bis sie im Kühlschrank fest werden.

e) Während die Kleckse fester werden, nehmen Sie die reservierte Karamellmischung (2 Esslöffel) und rühren Sie 2 Esslöffel Milch unter. Beiseite legen. Spülen Sie Ihren Spritzbeutel aus und halten Sie eine kleinere Spitze bereit, um später den Karamellüberzug aufzutragen.

f) Legen Sie das Backblech in den Kühlschrank und lassen Sie die Kleckse etwa 30 Minuten lang fest werden (oder etwa 15 Minuten lang im Gefrierschrank). Nehmen Sie jeden Klecks heraus und rollen Sie ihn schnell zu einer Kugel. Wenn Sie die Anzahl der Kleckse verdoppeln müssen, tun Sie dies jetzt, sodass Sie insgesamt etwa 18 Kugeln haben.

g) Das Backblech für weitere 15 Minuten in den Kühlschrank stellen. In der Zwischenzeit die Schokolade und das Kokosöl in einem Wasserbad erhitzen, bis sie geschmolzen sind. Alternativ können Sie sie in 30-Sekunden-Schritten in der Mikrowelle zusammenschmelzen und nach jedem Schritt umrühren.

h) Nehmen Sie das Backblech aus dem Kühlschrank und lassen Sie eine Kugel nach der anderen in die Schokolade fallen, bedecken Sie sie mit einem Löffel vollständig, nehmen Sie sie heraus und legen Sie sie wieder auf das Backblech. Sobald alle Trüffel mit Schokolade überzogen sind, stellen Sie sie wieder in den Kühlschrank und lassen Sie sie etwa 5–10 Minuten lang abkühlen, bis sie fest sind.

i) Verwenden Sie einen Spritzbeutel mit einer kleinen Lochspitze und spritzen Sie den Karamell-Topping auf die Oberseite jedes Trüffels. Optional mit etwas Meersalz bestreuen.

j) Vor dem Servieren weitere 15–20 Minuten kalt stellen. Bis zum Servieren kühl aufbewahren.

22.Karamell-Macchiato-Käsekuchen-Häppchen

ZUTATEN:
KRUSTE:
- 1 Stück ungesalzene Challenge-Butter, geschmolzen
- 2 Tassen zerkleinerte Graham-Cracker-Krümel
- 2 Esslöffel Zucker
- 1/2 Teelöffel Salz

KÄSEKUCHEN:
- 3 (8 Unzen) Packungen Challenge Cream Cheese, weich
- 1 Tasse Zucker
- 3 Eier
- 1 (8-Unzen) Behälter saure Sahne
- 1/4 Tasse Espresso oder starker Kaffee
- 2 Teelöffel Vanilleextrakt

GARNIERUNG:
- 1 Tasse Zucker
- 2 Teelöffel plus 2 Esslöffel Wasser (aufgeteilt)
- 1/4 Tasse Sahne
- 1/4 Teelöffel Salz
- 1 große Dose Schlagsahne als Topping

ANWEISUNGEN:

a) Heizen Sie Ihren Backofen auf 350 °F vor. Zwei Muffinformen mit Cupcake-Papier auslegen, insgesamt 24 Stück.

b) In einer mittelgroßen Schüssel die Zutaten für die Kruste vermischen. Verteilen Sie die Mischung gleichmäßig auf den Cupcake-Papieren und drücken Sie sie mit einem Messbecher fest. 4 Minuten im Ofen backen, dann zum Abkühlen beiseite stellen.

c) Reduzieren Sie die Ofentemperatur auf 325 °F.

d) Geben Sie den weichen Challenge-Frischkäse und 1 Tasse Zucker in die Schüssel einer Küchenmaschine. Schlagen Sie, bis es schaumig wird. Dies sollte etwa 5 Minuten dauern. Während der Mixer läuft, die Eier einzeln hinzufügen, bis sie vollständig vermengt sind. Sauerrahm, Kaffee und Vanille hinzufügen und noch einmal verrühren, bis alles gut vermischt ist.

e) Den Frischkäseteig gleichmäßig auf die Muffinformen verteilen. Backen Sie die Käsekuchenhäppchen, bis sie in der Mitte nicht mehr wackeln. Dies dauert normalerweise etwa 20 bis 25 Minuten. Stellen Sie sie zum Abkühlen für 2 Stunden in den Kühlschrank.

f) Während die Käsekuchenstücke abkühlen, bereiten Sie die Karamellsauce zu. In einen großen Topf 1 Tasse Zucker und 2 Teelöffel Wasser geben und bei mittlerer bis hoher Hitze erhitzen. Kippen Sie die Pfanne vorsichtig, um den Zucker zu rühren, während er schmilzt, aber rühren Sie ihn nicht um.

g) Kochen, bis der gesamte Zucker geschmolzen ist und eine bernsteinfarbene Farbe annimmt. Vom Herd nehmen und sofort die Sahne, 2 Esslöffel Wasser und Salz unterrühren. Wenn der Zucker hart wird und sich von der Sahne löst, stellen Sie ihn wieder auf mittlere Hitze und rühren Sie, bis er wieder geschmolzen ist. 1/4 Teelöffel Salz hinzufügen und verrühren. Lassen Sie es bei Raumtemperatur abkühlen oder legen Sie es zum Abkühlen in ein Eisbad. Das Karamell wird ziemlich dick sein.

h) Kurz vor dem Servieren die Käsekuchenstückchen garnieren. Belegen Sie jedes mit Schlagsahne und beträufeln Sie es mit Karamellsauce, oder lassen Sie die Gäste ihre eigene garnieren. Genießen!

23.Karamell-Macchiato-Butterbonbons

ZUTATEN:
FÜR DIE KARAMELL-MACCHIATO-BONBONS:
- 1 Esslöffel Instant-Espressopulver
- 1/2 Esslöffel Milch
- 1/2 Teelöffel Vanilleextrakt
- 1 Tasse Mehl
- 1/4 Teelöffel Zimt
- 1/8 Teelöffel Salz
- 1/2 Tasse ungesalzene Butter, weich (1 Stange)
- 1/4 Tasse hellbrauner Zucker
- 2 Esslöffel Zucker
- 20 mit Karamell gefüllte Pralinen

Für die Glasur:
- 1 1/4 Tassen Puderzucker
- 1 Esslöffel Butter, weich
- 1/4 Teelöffel Vanilleextrakt
- 4 bis 5 Teelöffel Milch
- 20 Kaffeebohnenhälften

ANWEISUNGEN:
a) Heizen Sie Ihren Backofen auf 350 °F vor.

ESPRESSOMISCHUNG ZUBEREITEN
b) In einer kleinen Schüssel das Espressopulver in Milch und Vanille auflösen. Stellen Sie diese Mischung beiseite.

TROCKENE ZUTATEN VORBEREITEN
c) In einer mittelgroßen Schüssel Mehl, Zimt und Salz verquirlen.
d) Stellen Sie diese Mischung beiseite.

Machen Sie Plätzchenteig
e) In einer großen Schüssel die weiche Butter, den braunen Zucker und den Zucker etwa 2 Minuten lang verrühren, bis die Mischung hell wird.
f) Die Kaffeemischung unterrühren. Nach und nach die Mehlmischung hinzufügen und verrühren, bis ein Teig entsteht.
g) Den Teig mindestens 1 Stunde kühl stellen.

Bonbons formen
h) Nehmen Sie mit einem Esslöffel oder einem Kekslöffel Nr. 40 etwa 1 Esslöffel Teig und wickeln Sie ihn um jedes Karamellbonbon, sodass eine Kugelform entsteht.
i) Legen Sie die Kugeln auf ungefettete, mit Backpapier ausgelegte Backbleche.
j) Backen Sie die Kekse 12 bis 16 Minuten lang oder bis sie fest sind. Achten Sie jedoch darauf, dass die Kekse nicht braun werden. Nehmen Sie die Kekse auf ein Kühlregal.

Zuckerguss vorbereiten und dekorieren
k) In einer kleinen Schüssel die ersten drei Glasurzutaten vermischen. So viel Milch einrühren, dass die Glasur leicht flüssig wird, dann über die abgekühlten Kekse träufeln. Kaffeebohnenhälften auf die Glasur legen.
l) Genießen Sie Ihre Karamell-Macchiato-Butterbonbons!

24.Macchiato- Windräder

ZUTATEN:

- 1 Blatt Blätterteig (aufgetaut)
- 2 Esslöffel Instantkaffeegranulat
- 2 Esslöffel heißes Wasser
- ¼ Tasse Kristallzucker
- ½ Teelöffel gemahlener Zimt
- ¼ Tasse gehackte Pekannüsse (optional)
- Puderzucker zum Bestäuben

ANWEISUNGEN:

a) Heizen Sie Ihren Backofen auf 375 °F (190 °C) vor und legen Sie ein Backblech mit Backpapier aus.
b) Lösen Sie das Instantkaffeegranulat in heißem Wasser auf und lassen Sie es abkühlen.
c) Mischen Sie in einer kleinen Schüssel die Kaffeemischung, Kristallzucker, gemahlenen Zimt und gehackte Pekannüsse (falls verwendet).
d) Den Blätterteig zu einem Rechteck ausrollen.
e) Verteilen Sie die Kaffee-Zucker-Mischung gleichmäßig auf dem Teig.
f) Den Teig von einem Ende zum anderen fest aufrollen.
g) Den ausgerollten Teig in 2,5 cm große Scheiben schneiden und auf das Backblech legen.
h) Etwa 15–20 Minuten backen oder bis die Windräder goldbraun sind.
i) Vor dem Servieren mit Puderzucker bestäuben.

25. Macchiato Energy Balls

ZUTATEN:

- 2 Esslöffel Instantkaffee
- 2 Esslöffel Zucker
- 2 Esslöffel heißes Wasser
- 1 Tasse Haferflocken
- ½ Tasse Nussbutter (z. B. Erdnussbutter, Mandelbutter)
- ¼ Tasse Honig oder Ahornsirup
- ¼ Tasse gemahlener Leinsamen
- ¼ Tasse Kokosraspeln
- ¼ Tasse Mini-Schokoladenstückchen

ANWEISUNGEN:

a) In einer Schüssel Instantkaffee, Zucker und heißes Wasser verrühren, bis eine dicke und schaumige Masse entsteht.
b) In einer großen Schüssel Haferflocken, Nussbutter, Honig oder Ahornsirup, gemahlene Leinsamen, Kokosraspeln und Mini-Schokoladenstückchen vermischen.
c) Die Hälfte der geschlagenen Macchiato-Mischung vorsichtig unterheben.
d) Mischen, bis alle Zutaten gut vermischt sind.
e) Rollen Sie die Mischung zu mundgerechten Kugeln.
f) Legen Sie die Energiekugeln auf ein mit Backpapier ausgelegtes Backblech.
g) Zum Festwerden mindestens 30 Minuten in den Kühlschrank stellen.
h) In einem luftdichten Behälter im Kühlschrank aufbewahren.

26.Macchiato-Kaffee-Boba-Windbeutel

ZUTATEN:
FÜR DIE CREMEPUFFS:
- ½ Tasse Wasser
- ¼ Tasse ungesalzene Butter
- ½ Tasse Allzweckmehl
- 2 große Eier

FÜR DIE Macchiato-KAFFEE-FÜLLUNG:
- 2 Esslöffel Instantkaffee
- 2 Esslöffel Kristallzucker
- 2 Esslöffel heißes Wasser
- 1 Tasse Sahne
- 2 Esslöffel Puderzucker
- 1 Teelöffel Vanilleextrakt
- Gekochte Boba-Perlen zum Füllen

ANWEISUNGEN:

a) Heizen Sie Ihren Backofen auf 400 °F (200 °C) vor und legen Sie ein Backblech mit Backpapier aus.

b) In einem mittelgroßen Topf das Wasser und die ungesalzene Butter bei mittlerer Hitze zum Kochen bringen.

c) Reduzieren Sie die Hitze auf eine niedrige Stufe und fügen Sie das Allzweckmehl hinzu. Kräftig umrühren, bis die Mischung eine Kugel bildet und sich vom Pfannenrand löst.

d) Nehmen Sie die Pfanne vom Herd und lassen Sie den Teig einige Minuten abkühlen.

e) Fügen Sie die Eier einzeln hinzu und schlagen Sie nach jeder Zugabe gut durch. Der Teig sollte glatt und glänzend sein.

f) Den Teig in einen Spritzbeutel mit runder Spitze füllen.

g) Spritzen Sie kleine Teighaufen auf das vorbereitete Backblech und lassen Sie zwischen ihnen Platz, damit er sich ausdehnen kann.

h) Backen Sie die Windbeutel im vorgeheizten Ofen 20–25 Minuten lang oder bis sie goldbraun und luftig sind. Aus dem Ofen nehmen und auf einem Kuchengitter vollständig abkühlen lassen.

i) In einer Rührschüssel Instantkaffee, Kristallzucker und heißes Wasser vermischen.

j) Schlagen Sie die Mischung mit einem Elektromixer oder Schneebesen auf hoher Geschwindigkeit, bis sie dick und schaumig wird. Das ist Ihre Macchiato-Kaffeemischung. Beiseite legen.

k) In einer anderen Rührschüssel Sahne, Puderzucker und Vanilleextrakt schlagen, bis sich weiche Spitzen bilden.
l) Die Macchiato-Kaffeemischung vorsichtig unter die Schlagsahne heben, bis alles gut vermischt ist.
m) Füllen Sie einen Spritzbeutel mit der Macchiato-Kaffee-Sahne-Mischung.
n) Machen Sie mit einem kleinen Messer oder einer Backspitze ein kleines Loch in die Unterseite jedes Windbeutels.
o) Die Macchiato-Kaffeesahnefüllung durch das Loch in jeden Windbeutel spritzen, bis er gefüllt ist.
p) Optional können Sie in jeden Windbeutel ein paar gekochte Boba-Perlen geben.
q) Servieren Sie die Macchiato-Kaffee-Boba-Windbeutel sofort oder stellen Sie sie bis zum Servieren in den Kühlschrank.

27.Macchiato- Rinde

ZUTATEN:

- 12 Unzen weiße Schokolade, gehackt
- 1 Esslöffel Instantkaffeegranulat
- ½ Tasse zerstoßene Espressobohnen mit Schokoladenüberzug
- Eine Prise Salz

ANWEISUNGEN:

a) Ein Backblech mit Backpapier auslegen.
b) In einer mikrowellengeeigneten Schüssel die weiße Schokolade in 30-Sekunden-Intervallen schmelzen und zwischendurch umrühren, bis eine glatte Masse entsteht.
c) Das Instantkaffeegranulat und eine Prise Salz unterrühren.
d) Verteilen Sie die Mischung auf dem vorbereiteten Backblech.
e) Streuen Sie die zerkleinerten, mit Schokolade überzogenen Espressobohnen gleichmäßig darüber.
f) Abkühlen lassen und für etwa 30 Minuten in den Kühlschrank stellen.
g) Sobald die Macchiato-Rinde fest ist, brechen Sie sie in Stücke und bewahren Sie sie in einem luftdichten Behälter auf.

28. Macchiato- Müsliriegel

ZUTATEN:
- 2 Esslöffel Instantkaffee
- 2 Esslöffel Zucker
- 2 Esslöffel heißes Wasser
- 2 Tassen Haferflocken
- 1 Tasse gehackte Nüsse (z. B. Mandeln, Walnüsse)
- ½ Tasse Honig oder Ahornsirup
- ¼ Tasse geschmolzene Butter
- ½ Tasse Trockenfrüchte (z. B. Rosinen, Preiselbeeren)

ANWEISUNGEN:

a) In einer Schüssel Instantkaffee, Zucker und heißes Wasser verrühren, bis eine dicke und schaumige Masse entsteht.

b) Heizen Sie den Ofen auf 175 °C (350 °F) vor und legen Sie eine Auflaufform mit Backpapier aus.

c) In einer großen Schüssel Haferflocken, gehackte Nüsse, Honig oder Ahornsirup und geschmolzene Butter vermischen.

d) Die Hälfte der geschlagenen Macchiato-Mischung vorsichtig unterheben.

e) Die Trockenfrüchte unterrühren, bis alles gut vermischt ist.

f) Drücken Sie die Mischung in die vorbereitete Auflaufform und glätten Sie die Oberfläche.

g) 20-25 Minuten backen oder bis es goldbraun ist.

h) Lassen Sie es vollständig abkühlen, bevor Sie es in Riegel schneiden.

i) In einem luftdichten Behälter bei Raumtemperatur aufbewahren.

29. Mokka-Mandel- Macchiato- Kekse

ZUTATEN:
- 1 Tasse ungesalzene Butter, weich
- 1 Tasse brauner Zucker, verpackt
- 2 große Eier
- 2 Esslöffel Instantkaffeegranulat
- 2 Teelöffel Mandelextrakt
- 2 ½ Tassen Allzweckmehl
- ¼ Tasse Kakaopulver
- 1 Teelöffel Backpulver
- ½ Teelöffel Salz
- 1 Tasse gehackte Mandeln
- 1 Tasse Schokoladenstücke

ANWEISUNGEN:

a) Heizen Sie Ihren Backofen auf 350 °F (175 °C) vor und legen Sie ein Backblech mit Backpapier aus.

b) In einer großen Rührschüssel die weiche Butter und den braunen Zucker cremig rühren, bis eine leichte, lockere Masse entsteht.

c) Fügen Sie die Eier einzeln hinzu und vermischen Sie sie nach jeder Zugabe gut.

d) Lösen Sie das Instantkaffeegranulat in einer kleinen Menge warmem Wasser auf. Geben Sie diese Kaffeemischung und den Mandelextrakt zu den feuchten Zutaten. Mischen, bis alles gut vermischt ist.

e) In einer separaten Schüssel Mehl, Kakaopulver, Backpulver und Salz verrühren.

f) Nach und nach die trockenen Zutaten zu den feuchten Zutaten geben und verrühren, bis ein Teig entsteht.

g) Gehackte Mandeln und Schokoladenstücke unterrühren, bis sie gleichmäßig im Teig verteilt sind.

h) Geben Sie mit einem Löffel oder einer Keksschaufel abgerundete Esslöffel Teig in einem Abstand von etwa 5 cm auf das vorbereitete Backblech.

i) Drücken Sie jeden Keks mit der Rückseite eines Löffels oder Ihren Fingern leicht flach.

j) Im vorgeheizten Ofen 10–12 Minuten backen oder bis die Ränder fest und die Mitte noch leicht weich sind. Achten Sie darauf, nicht zu lange zu backen.

k) Nehmen Sie die Kekse aus dem Ofen und lassen Sie sie einige Minuten auf dem Backblech abkühlen, bevor Sie sie zum vollständigen Abkühlen auf einen Rost legen.

l) Genießen Sie nach dem Abkühlen Ihre hausgemachten Mokka-Mandel-Macchiato-Kekse mit einer Tasse Ihres Lieblingskaffees oder Macchiato!

30. Macchiato-Brownies

ZUTATEN:

- 1 Tasse ungesalzene Butter
- 2 Tassen Zucker
- 4 große Eier
- 1 Teelöffel Vanilleextrakt
- 1 Tasse Allzweckmehl
- ½ Tasse Kakaopulver
- ¼ Teelöffel Salz
- 2 Esslöffel Instantkaffee
- 2 Esslöffel heißes Wasser

ANWEISUNGEN:

a) Heizen Sie den Backofen auf 175 °C (350 °F) vor und fetten Sie eine Auflaufform ein.
b) In einer mikrowellengeeigneten Schüssel die Butter schmelzen.
c) In einer separaten Schüssel Zucker, Eier und Vanilleextrakt verrühren, bis alles gut vermischt ist.
d) Die geschmolzene Butter zur Zuckermischung geben und verrühren.
e) In einer anderen Schüssel Mehl, Kakaopulver und Salz vermischen.
f) Geben Sie nach und nach die trockenen Zutaten zu den feuchten Zutaten hinzu und rühren Sie, bis alles gut vermischt ist.
g) In einer kleinen Schüssel Instantkaffee und heißes Wasser schaumig verrühren.
h) Den Kaffeeschaum vorsichtig unter den Teig heben.
i) Den Teig in die vorbereitete Auflaufform füllen und gleichmäßig verteilen.
j) 25–30 Minuten backen oder bis ein in die Mitte gesteckter Zahnstocher ein paar feuchte Krümel herauslässt.
k) Abkühlen lassen, dann in Quadrate schneiden und die Macchiato-Brownies genießen!

31. Macchiato -Popcorn

ZUTATEN:
- ½ Tasse Popcornkerne
- 2 Esslöffel Pflanzenöl
- ¼ Tasse Zucker
- 2 Esslöffel Instantkaffee
- 2 Esslöffel heißes Wasser

ANWEISUNGEN:
a) Das Pflanzenöl in einem großen Topf bei mittlerer Hitze erhitzen.
b) Geben Sie die Popcornkerne hinzu und decken Sie den Topf mit einem Deckel ab.
c) Schütteln Sie den Topf gelegentlich, um ein gleichmäßiges Knallen zu gewährleisten.
d) In einer Rührschüssel Instantkaffee, heißes Wasser und Zucker vermischen. Rühren, bis es schaumig wird und steife Spitzen bildet.
e) Sobald das Popcorn fertig geplatzt ist, geben Sie es in eine große Schüssel.
f) Den Kaffeeschaum über das Popcorn träufeln und vorsichtig umrühren, bis es bedeckt ist.
g) Lassen Sie das Popcorn vor dem Servieren abkühlen und der Kaffeeschaum fest werden.
h) Genießen Sie das einzigartige und knusprige Macchiato-Popcorn!

32.Macchiato- Reis-Krispie-Leckereien

ZUTATEN:

- 4 Tassen Reismüsli
- 4 Tassen Mini-Marshmallows
- 2 Esslöffel ungesalzene Butter
- 2 Esslöffel Instantkaffee
- 2 Esslöffel heißes Wasser

ANWEISUNGEN:
a) Eine Auflaufform einfetten oder mit Backpapier auslegen.
b) In einem großen Topf die Butter bei schwacher Hitze schmelzen.
c) Mini-Marshmallows zur geschmolzenen Butter geben und rühren, bis sie vollständig geschmolzen und glatt sind.
d) In einer kleinen Schüssel Instantkaffee und heißes Wasser schaumig verrühren.
e) Den Kaffeeschaum vorsichtig unter die Marshmallow-Mischung heben.
f) Den Topf vom Herd nehmen und das Reismüsli hinzufügen.
g) Rühren, bis das Müsli gut mit der Marshmallow-Mischung bedeckt ist.
h) Die Masse in die vorbereitete Auflaufform geben und gleichmäßig andrücken.
i) Abkühlen lassen und mindestens 1 Stunde fest werden lassen.
j) In Quadrate oder gewünschte Formen schneiden und die Macchiato-Reis-Krispie-Leckereien genießen!

33. Macchiato-Quadrate

ZUTATEN:
ERSTE SCHICHT:
- 1 Tasse Allzweckmehl
- ½ Tasse Puderzucker
- ½ Tasse weiche Butter
- 3 Teelöffel Instantkaffeekristalle

ZWEITE SCHICHT:
- 2 Tassen Puderzucker
- 1 Esslöffel Instantkaffeekristalle (aufgelöst in 2 Esslöffeln heißem Wasser)
- ½ Tasse weiche Butter
- 1 Ei (leicht geschlagen, bei Zimmertemperatur)
- ½ Tasse Milch

OBERSTE SCHICHT:
- 4 Unzen weiße Schokolade (4 Quadrate)
- 1 Esslöffel Butter (in heißem Wasser aufgelöst zum Einfetten der Pfanne)

OPTIONALER MARMOR-EFFEKT:
- 2 Unzen halbsüße Schokolade (2 Quadrate)

ANWEISUNGEN:
ERSTE SCHICHT:
a) Heizen Sie Ihren Backofen auf 350 °F (175 °C) vor.
b) Eine quadratische 8-Zoll-Kuchenform mit Butter einfetten.
c) In einer Rührschüssel das Allzweckmehl, den Puderzucker, die weiche Butter und die in heißem Wasser aufgelösten Instantkaffeekristalle gründlich vermischen. Sie können hierfür eine Küchenmaschine oder einen Elektromixer verwenden.
d) Drücken Sie diese Mischung gleichmäßig auf den Boden der gefetteten Pfanne.
e) Im vorgeheizten Backofen 10 Minuten backen. Anschließend die erste Schicht auf einem Kuchengitter abkühlen lassen.

ZWEITE SCHICHT:
f) In einer großen Schüssel den Puderzucker, 1 Esslöffel Kaffeekristalle, aufgelöst in 2 Esslöffeln heißem Wasser, weiche Butter und das leicht geschlagene Ei bei Zimmertemperatur vermischen. Sie können eine Küchenmaschine oder einen Elektromixer verwenden.

g) In einem Topf bei mittlerer Hitze die Milch überbrühen (erhitzen, bis an den Rändern Blasen entstehen, die Milch aber nicht kocht).

h) Die Mischung aus der Schüssel zur Brühmilch geben und 7 Minuten bei mittlerer Hitze erhitzen. Rühren Sie zunächst häufig um, dann ständig, sobald die Mischung zu sprudeln beginnt. Reduzieren Sie die Hitze etwas, wenn es am Boden festklebt.

i) Lassen Sie die Mischung etwas abkühlen und gießen Sie sie dann über die abgekühlte erste Schicht. Kippen Sie die Pfanne, um die Basisschicht gleichmäßig zu bedecken.

j) Im Kühlschrank eine halbe Stunde oder bis es fest ist kalt stellen.

DRITTE SCHICHT:

k) Kombinieren Sie in einem Wasserbad die 4 Unzen weiße Schokolade und 1 Esslöffel Butter. Lassen Sie sie zusammenschmelzen. Alternativ können Sie sie auch in der Mikrowelle 1-1½ Minuten lang auf höchster Stufe schmelzen und dabei nach Bedarf umrühren.

l) Verteilen Sie die geschmolzene weiße Schokoladenmischung mit einem Spatel oder einem stumpfen Messer gleichmäßig auf der gekühlten zweiten Schicht. Diese Schicht wird ziemlich dünn sein.

OPTIONALER MARMOR-EFFEKT:

m) Wenn Sie einen marmorierten Effekt wünschen, schmelzen Sie die 2 Unzen halbsüße Schokolade in einem Wasserbad oder in der Mikrowelle (1-1½ Minuten auf höchster Stufe) und rühren Sie, bis eine glatte Masse entsteht.

n) Gießen Sie die geschmolzene halbsüße Schokolade in einen kleinen Druckverschlussbeutel, verschließen Sie ihn und schneiden Sie eine Ecke mit einer Schere ab.

o) Drücken Sie horizontale Streifen halbsüßer Schokolade auf die weiße Schokoladenschicht.

p) Mit einem stumpfen Messer die beiden Pralinen miteinander verschwenken, um einen marmorierten Effekt zu erzielen.

q) Kühlen, bis die dritte Schicht fast vollständig ausgehärtet ist.

r) Bevor die dritte Schicht vollständig ausgehärtet ist, schneiden Sie das Dessert zum leichteren Servieren in Riegel ein. Genießen Sie Ihre hausgemachten Macchiato-Quadrate!

34.Macchiato- Nanaimo-Riegel

ZUTATEN:
FÜR DIE UNTERE SCHICHT:
- ½ Tasse ungesalzene Butter
- ⅓ Tasse ungesüßtes Kakaopulver
- ¼ Tasse Kristallzucker
- 1 Ei, leicht geschlagen
- 1½ Tassen Graham-Cracker-Krümel
- 1 Tasse Kokosraspeln
- ½ Tasse Walnüsse, fein gehackt
- 2 Esslöffel Milch

FÜR DIE MITTELSCHICHT (FÜLLUNG):
- 3 Esslöffel ungesalzene Butter
- 2 Teelöffel Instant-Espressopulver (oder Kaffeegranulat)
- ½ Teelöffel Vanille
- 2 Tassen Puderzucker (Puderzucker)

FÜR DIE OBERE SCHICHT (TOPPING):
- 4 Unzen halbsüße Schokolade, grob gehackt
- 1 Esslöffel ungesalzene Butter
- ½ Teelöffel Instant-Espressopulver

ANWEISUNGEN:
Bereiten Sie die unterste Schicht vor:
a) In einem schweren Topf Butter, Kakao, Kristallzucker und leicht geschlagenes Ei vermischen. Bei schwacher Hitze unter Rühren kochen, bis die Butter geschmolzen ist.
b) Nehmen Sie den Topf vom Herd und rühren Sie die Graham-Cracker-Krümel, die Kokosraspeln, die Walnüsse und die Milch unter. Mischen, bis alles gut vermischt ist.
c) Drücken Sie diese Mischung gleichmäßig in eine gefettete quadratische 9-Zoll-Kuchenform.
d) Im vorgeheizten Ofen bei 180 °C 10–12 Minuten backen oder bis der Boden gerade fest ist.
e) Lassen Sie den Boden auf einem Kuchengitter vollständig abkühlen.
VORBEREITUNG DER MITTELSCHICHT (FÜLLUNG):
f) In einem kleinen Topf Milch, 3 Esslöffel Butter, Instant-Espressopulver und Vanille bei schwacher Hitze erhitzen, bis die Butter geschmolzen und das Espressopulver aufgelöst ist.
g) Geben Sie diese Mischung in eine Rührschüssel und lassen Sie sie abkühlen.
h) Den Puderzucker unterrühren, bis die Masse eindickt und glatt wird.
i) Diese Füllung gleichmäßig auf dem abgekühlten Boden verteilen.
j) Etwa 45 Minuten lang in den Kühlschrank stellen oder bis die Füllung fest ist.
k) Bereiten Sie die oberste Schicht (Topping) vor:
l) In einem Wasserbad über heißem (nicht kochendem) Wasser die halbsüße Schokolade, 1 Esslöffel Butter und ½ Teelöffel Instant-Espressopulver schmelzen.
m) Sobald die Schokoladenmischung geschmolzen und glatt ist, verteilen Sie sie gleichmäßig auf der Füllschicht.
LETZTE SCHRITTE:
n) Mit einem scharfen Messer die oberste Schokoladenschicht in Riegel einritzen. Dies erleichtert das spätere Schneiden.
o) Stellen Sie die Riegel in den Kühlschrank, bis die oberste Schicht fest ist.
p) Entlang der Ritzlinien in Riegel schneiden.

35. Macchiato- Brownies mit weißer Schokolade

ZUTATEN:

FÜR DIE SOSSE:
- ⅔ Tasse Schlagsahne
- ¼ Tasse gebrühter Café Godiva Special Roast (Zimmertemperatur)
- 5 Unzen importierte weiße Schokolade, gehackt
- ⅛ Teelöffel gemahlene Muskatnuss

FÜR DIE BROWNIES:
- 1 ½ Stangen (12 Esslöffel) ungesalzene Butter
- 4 ½ Unzen ungesüßte Schokolade, gehackt
- 2 Esslöffel gebrühter Café Godiva Special Roast (Zimmertemperatur)
- ½ Teelöffel gemahlener Zimt
- 1 ½ Tassen Zucker
- 3 große Eier
- ¾ Tasse Allzweckmehl
- 3 Unzen bittersüße oder halbsüße Schokolade, grob gehackt
- ½ Tasse gehackte geröstete Haselnüsse (ohne Schale)
- Zartbitterschokoladenröllchen (zum Garnieren)
- Puderzucker (zum Garnieren)

ANWEISUNGEN:

FÜR DIE SOSSE:

a) In einem schweren kleinen Topf die Schlagsahne und den Café Godiva Special Roast zum Kochen bringen.

b) Fügen Sie die gehackte weiße Schokolade hinzu und rühren Sie bei schwacher Hitze um, bis die Mischung glatt ist und anfängt einzudicken.

c) Die gemahlene Muskatnuss dazugeben und umrühren. (Die Sauce kann einen Tag im Voraus zubereitet werden. Abdecken und kalt stellen. Vor dem Servieren erneut bei schwacher Hitze erhitzen, bis sie geschmolzen ist.)

FÜR DIE BROWNIES:

d) Stellen Sie einen Rost in das untere Drittel des Ofens und heizen Sie ihn auf 350 Grad F (175 °C) vor.

e) Eine quadratische 9-Zoll-Backform mit 2 Zoll hohen Seiten mit Folie auslegen, so dass die Folie die Seiten überlappt. Die Folie einfetten und bemehlen.

f) In einem schweren mittelgroßen Topf die ersten vier Zutaten verrühren (Butter, ungesüßte Schokolade, Café Godiva Special).

g) Rösten Sie den gemahlenen Zimt bei schwacher Hitze, bis die Mischung glatt ist. Lassen Sie es etwas abkühlen.

h) 1 ½ Tassen Zucker und die Eier unterrühren.

i) Das Mehl unterrühren, anschließend die gehackte Zartbitterschokolade und die gehackten Haselnüsse hinzufügen.

j) Den Brownie-Teig in die vorbereitete Pfanne geben.

k) Backen Sie etwa 30 Minuten lang, bis ein in die Mitte eingeführter Teig mit feuchten Krümeln herauskommt. Lassen Sie die Brownies auf einem Gitter abkühlen. (Sie können bis zu 8 Stunden im Voraus zubereitet werden.)

PORTIONEN ZUSAMMENSTELLEN:

l) Benutzen Sie die Folienseiten als Hilfe, um den Brownie aus der Pfanne zu heben. Falten Sie die Folienseiten nach unten.

m) Schneiden Sie mit einem 3 ¾ Zoll großen runden Ausstecher vier Runden aus dem Brownie aus und bewahren Sie die Reste für eine andere Verwendung auf.

n) Auf jeden Teller eine Brownie-Runde legen.

o) Bedecken Sie jeden Brownie mit Schokoladenlocken.

p) Die warme weiße Schokoladensauce rund um die Brownies verteilen.

q) Über jede Portion Puderzucker sieben.

r) Genießen Sie Ihre köstlichen Macchiato-Brownies mit weißer Schokoladensauce!

36.Macchiato -Flats

ZUTATEN:
- 2 Quadrate ungesüßte Schokolade
- 2 Tassen Allzweckmehl
- 1 Teelöffel Zimt
- ¼ Teelöffel Salz
- ½ Tasse Backfett
- ½ Tasse Butter
- ½ Tasse weißer Zucker
- ½ Tasse brauner Zucker
- 1 Esslöffel Instantkaffeekristalle
- 1 Teelöffel Wasser
- 1 Ei
- 1 ½ Tassen halbsüße Schokoladenstücke
- 3 Esslöffel Backfett

FÜR DIE GLASUR:
- 1 ½ Tassen halbsüße Schokoladenstücke
- 3 Esslöffel Backfett

ANWEISUNGEN:
a) In einem kleinen, schweren Topf die ungesüßte Schokolade über heißem Wasser im Wasserbad erhitzen und rühren, bis sie geschmolzen ist. Vom Herd nehmen und etwas abkühlen lassen.
b) In einer separaten Schüssel Mehl, Zimt und Salz verrühren.
c) In einer großen Rührschüssel die halbe Tasse Backfett und die Butter mit einem Elektromixer bei mittlerer Geschwindigkeit schlagen, bis die Butter weich ist.
d) Den weißen Zucker und den braunen Zucker hinzufügen und schlagen, bis die Mischung schaumig ist.
e) Lösen Sie die Instantkaffeekristalle im Wasser auf und geben Sie dann die Kaffeemischung, die geschmolzene Schokolade und das Ei zur Buttermischung. Gut schlagen.
f) Die Mehlmischung hinzufügen und schlagen, bis alles gut vermischt ist.
g) Decken Sie den Teig ab und kühlen Sie ihn etwa eine Stunde lang oder bis er sich leicht verarbeiten lässt.
h) Formen Sie den Teig zu zwei 7-Zoll-Rollen. Wickeln Sie sie ein und kühlen Sie sie mindestens 6 Stunden oder über Nacht.
i) Den gekühlten Teig in ¼-Zoll-Scheiben schneiden.
j) Legen Sie die Scheiben auf ein ungefettetes Backblech und backen Sie sie 8 bis 9 Minuten lang bei 175 °C (350 °F).
k) Nehmen Sie die Kekse aus dem Ofen und geben Sie sie zum Abkühlen auf einen Rost.

FÜR DIE GLASUR:
l) In einem kleinen, schweren Topf die halbsüßen Schokoladenstücke und 3 Esslöffel Backfett bei schwacher Hitze erhitzen und rühren, bis sie geschmolzen sind.
m) Tauchen Sie eine Hälfte jedes Kekses in die Schokoladenmischung.
n) Legen Sie die Kekse auf Wachspapier, bis die Schokolade fest ist.
o) Genießen Sie Ihre köstlichen Macchiato Flats!

37. Macchiato-Shortbread mit dunkler Schokolade

ZUTATEN:

- 1 Tasse Butter, zimmerwarm
- ½ Tasse feiner Zucker (Rübenzucker eignet sich gut)
- ⅛ Teelöffel Vanillepulver
- 4 Teelöffel fein gemahlener Gerstenkaffee (oder Instantkaffee)
- 1 ¾ Tassen Allzweckmehl
- ¼ Tasse Pfeilwurzpulver (oder Stärke Ihrer Wahl)
- 150 g dunkle Schokolade, geschmolzen

ANWEISUNGEN:

a) In einer großen Schüssel die zimmerwarme Butter und den feinen Zucker etwa eine Minute lang cremig rühren, bis alles gut vermischt ist.

b) Den fein gemahlenen Gerstenkaffee (oder Instantkaffee) und das Vanillepulver unter die Butter-Zucker-Mischung rühren.

c) In einer separaten Schüssel das Allzweckmehl und das Pfeilwurzpulver (oder Ihre bevorzugte Stärke) vermischen.

d) Die Mehlmischung zur Buttermischung geben und mit den Händen vermengen. Die Mischung verkneten, bis ein Teig entsteht. Anfangs mag die Mischung trocken erscheinen, aber nach ein paar Minuten Kneten bildet sie eine zusammenhängende Teigkugel.

e) Formen Sie den Teig zu einer Kugel, bedecken Sie ihn mit Frischhaltefolie und stellen Sie ihn mindestens 1 Stunde lang, bei Bedarf auch über Nacht, in den Kühlschrank.

f) Heizen Sie Ihren Backofen auf 325 °F (165 °C) vor und legen Sie ein Backblech mit Backpapier aus.

g) Den gekühlten Teig zu Kaffeebohnen formen, dabei etwa 2 Teelöffel Teig pro Keks verwenden.

h) Drücken Sie mit der Rückseite eines Messers leicht eine Längsvertiefung über die Oberseite jedes Kekses. Achten Sie darauf, nicht zu fest zu drücken, da sich die Kekse sonst beim Backen ausbreiten.

i) Übertragen Sie die geformten Kekse auf das vorbereitete Backblech und backen Sie sie 15 Minuten lang im vorgeheizten Ofen.

j) Nehmen Sie die Kekse aus dem Ofen und schieben Sie das Backpapier mit den Keksen zum Abkühlen auf Drahtgitter.

k) Während die Kekse abkühlen, schmelzen Sie die dunkle Schokolade im Wasserbad oder in der Mikrowelle.

l) Tauchen Sie ein Ende jedes Kekses in die geschmolzene dunkle Schokolade.

m) Legen Sie die in Schokolade getauchten Kekse auf mit Backpapier ausgelegte Teller und stellen Sie sie in den Kühlschrank, bis die Schokolade hart wird.

n) Sobald die Schokolade fest geworden ist, servieren und genießen Sie die köstliche Kombination aus mit Macchiato angereichertem Mürbeteiggebäck und reichhaltiger dunkler Schokolade.

38. Weiße Schokoladen- Macchiato- Kekse

ZUTATEN:
- 1 Tasse ungesalzene Butter, weich
- 1 Tasse Kristallzucker
- 2 große Eier
- 2 Teelöffel Instantkaffeegranulat
- 2 Teelöffel Vanilleextrakt
- 2 ½ Tassen Allzweckmehl
- ½ Tasse Kakaopulver
- 1 Teelöffel Backpulver
- ½ Teelöffel Salz
- 1 Tasse weiße Schokoladenstückchen

ANWEISUNGEN:

a) Heizen Sie Ihren Backofen auf 350 °F (175 °C) vor und legen Sie ein Backblech mit Backpapier aus.

b) In einer großen Rührschüssel die weiche Butter und den Kristallzucker cremig rühren, bis eine lockere Masse entsteht.

c) Fügen Sie die Eier einzeln hinzu und vermischen Sie sie nach jeder Zugabe gut.

d) Lösen Sie das Instantkaffeegranulat in einer kleinen Menge heißem Wasser auf. Geben Sie diese Kaffeemischung und den Vanilleextrakt zu den feuchten Zutaten. Mischen, bis alles gut vermischt ist.

e) In einer separaten Schüssel Mehl, Kakaopulver, Backpulver und Salz verrühren.

f) Nach und nach die trockenen Zutaten zu den feuchten Zutaten geben und verrühren, bis ein Teig entsteht.

g) Die weißen Schokoladenstückchen unterrühren, bis sie gleichmäßig im Teig verteilt sind.

h) Geben Sie mit einem Löffel oder einer Keksschaufel abgerundete Esslöffel Teig in einem Abstand von etwa 5 cm auf das vorbereitete Backblech.

i) Drücken Sie jeden Keks mit der Rückseite eines Löffels oder Ihren Fingern leicht flach.

j) Im vorgeheizten Ofen 10–12 Minuten backen oder bis die Ränder fest und die Mitte noch leicht weich sind. Achten Sie darauf, nicht zu lange zu backen.

k) Nehmen Sie die Kekse aus dem Ofen und lassen Sie sie einige Minuten auf dem Backblech abkühlen, bevor Sie sie zum vollständigen Abkühlen auf einen Rost legen.

l) Nach dem Abkühlen können Sie diese köstlichen weißen Schokoladen-Macchiato-Kekse mit einer Tasse Kaffee oder Macchiato genießen!

39. Macchiato- Umsätze

ZUTATEN:

- 1 Packung Blätterteigblätter (aufgetaut)
- ¼ Tasse Instantkaffeegranulat
- ¼ Tasse heißes Wasser
- ¼ Tasse Kristallzucker
- 1 Tasse Sahne
- ½ Tasse Schokoladenstückchen
- 1 Ei (zum Waschen der Eier)
- Puderzucker (zum Bestäuben)

ANWEISUNGEN:

a) Heizen Sie Ihren Backofen auf 375 °F (190 °C) vor und legen Sie ein Backblech mit Backpapier aus.
b) Lösen Sie das Instantkaffeegranulat in heißem Wasser auf und lassen Sie es abkühlen.
c) Schlagen Sie in einer separaten Schüssel die Sahne und den Kristallzucker auf, bis sich steife Spitzen bilden.
d) Die Kaffeemischung zur Schlagsahne geben und gut verrühren.
e) Den Blätterteig ausrollen und in Quadrate oder Rechtecke schneiden.
f) Geben Sie einen Löffel Kaffee-Schlagsahne und eine Prise Schokoladenstückchen auf eine Hälfte jedes Teigquadrats.
g) Falten Sie den Teig zusammen und verschließen Sie die Ränder, indem Sie ihn mit einer Gabel andrücken.
h) Die Teigtaschen mit verquirltem Ei bestreichen und etwa 15–20 Minuten backen, bis sie goldbraun sind.
i) Vor dem Servieren mit Puderzucker bestäuben.

40. Macchiato-Pistazien-Shortbread

ZUTATEN:

- 1 Umschlag Macchiato-Kaffeemischung (0,77 Unzen) aus einer 2,65-Unzen-Packung
- 1 Esslöffel Wasser
- ¾ Tasse Butter oder weiche Margarine
- ½ Tasse Puderzucker
- 2 Tassen Allzweckmehl
- 1 Tasse Pistazien, gehackt
- 1 Unze halbsüße Schokolade
- 1 Teelöffel Backfett

ANWEISUNGEN:

a) Heizen Sie Ihren Backofen auf 350 Grad Fahrenheit (175 Grad Celsius) vor.

b) Lösen Sie die Macchiato-Kaffeemischung in einer mittelgroßen Schüssel in Wasser auf.

c) Weiche Butter (oder Margarine) und Puderzucker einrühren.

d) Fügen Sie der Mischung das Allzweckmehl und eine halbe Tasse gehackte Pistazien hinzu. Bei Bedarf können Sie mit den Händen verrühren, bis ein fester Teig entsteht.

e) Den Teig in zwei Hälften teilen.

f) Formen Sie jede Hälfte zu einer Kugel und tupfen Sie dann jede Kugel auf einer leicht bemehlten Oberfläche in eine etwa 15 cm dicke Runde.

g) Jede Runde in 16 Stücke schneiden.

h) Ordnen Sie die Keile auf einem ungefetteten Backblech mit einem Abstand von etwa ½ Zoll zwischen ihnen an und richten Sie die Enden zur Mitte hin.

i) Etwa 15 Minuten lang backen oder bis das Mürbeteig goldbraun ist.

j) Nehmen Sie die Kekse sofort vom Backblech und lassen Sie sie auf Kuchengittern vollständig abkühlen.

k) Geben Sie die restliche halbe Tasse gehackte Pistazien in eine kleine Schüssel.

l) Geben Sie die halbsüße Schokolade und das Backfett in eine separate kleine mikrowellengeeignete Schüssel.

m) Ohne Deckel bei mittlerer Leistung 3 bis 4 Minuten in der Mikrowelle erhitzen und nach 2 Minuten umrühren. Die Mischung sollte glatt werden und eine cremige Konsistenz haben.

n) Tauchen Sie einen Rand jedes Kekses in die geschmolzene Schokolade und dann in die gehackten Pistazien.

o) Legen Sie die Kekse auf Wachspapier, bis die Schokolade fest und fest geworden ist.

41. Macchiato Danishes

ZUTATEN:
- 1 Blatt Blätterteig (aufgetaut)
- ¼ Tasse Frischkäse
- 2 Esslöffel Instantkaffeegranulat
- 2 Esslöffel Puderzucker
- ¼ Tasse gehackte Walnüsse (optional)
- ¼ Tasse Schokoladenstückchen
- 1 Ei (zum Waschen der Eier)

ANWEISUNGEN:

a) Heizen Sie Ihren Backofen auf 375 °F (190 °C) vor und legen Sie ein Backblech mit Backpapier aus.

b) Den Blätterteig ausrollen und in Quadrate oder Rechtecke schneiden.

c) Mischen Sie in einer kleinen Schüssel den Frischkäse, das Instantkaffeegranulat und den Puderzucker, bis alles gut vermischt ist.

d) Auf jedes Blätterteigstück einen Löffel der Kaffee-Frischkäse-Mischung verteilen.

e) Streuen Sie gehackte Walnüsse (falls verwendet) und Schokoladenstückchen darüber.

f) Die Ränder des Gebäcks mit verquirltem Ei bestreichen.

g) Etwa 15–20 Minuten backen oder bis das Gebäck goldbraun ist.

h) Lassen Sie sie etwas abkühlen, bevor Sie Ihre Macchiato Danishes servieren.

42. Macchiato- Kekse

ZUTATEN:
- 2 Esslöffel Instantkaffee
- 2 Esslöffel Zucker
- 2 Esslöffel heißes Wasser
- ½ Tasse ungesalzene Butter, weich
- ½ Tasse Kristallzucker
- ½ Tasse brauner Zucker
- 1 Ei
- 1 Teelöffel Vanilleextrakt
- 2 Tassen Allzweckmehl
- ½ Teelöffel Backpulver
- ½ Teelöffel Backpulver
- ½ Teelöffel Salz
- 1 Tasse Schokoladenstückchen

ANWEISUNGEN:

a) In einer Schüssel Instantkaffee, Zucker und heißes Wasser verrühren, bis eine dicke und schaumige Masse entsteht.

b) Heizen Sie den Ofen auf 175 °C (350 °F) vor und legen Sie ein Backblech mit Backpapier aus.

c) In einer großen Schüssel die weiche Butter, den Kristallzucker und den braunen Zucker cremig rühren.

d) Ei und Vanilleextrakt unterrühren, bis alles gut vermischt ist.

e) In einer separaten Schüssel Mehl, Backpulver, Natron und Salz vermischen.

f) Geben Sie nach und nach die trockenen Zutaten zu den feuchten Zutaten hinzu und verrühren Sie alles, bis alles gut vermischt ist.

g) Die Hälfte der geschlagenen Macchiato-Mischung vorsichtig unterheben.

h) Die Schokoladenstückchen unterheben.

i) Runde Esslöffel Teig auf das vorbereitete Backblech geben.

j) 10-12 Minuten backen oder bis die Ränder goldbraun sind.

k) Lassen Sie die Kekse einige Minuten auf dem Backblech abkühlen und geben Sie sie dann zum vollständigen Abkühlen auf einen Rost.

43. Macchiato-Phyllo-Becher

ZUTATEN:
- ½ Tasse Puderzucker
- ¼ Tasse ungesüßter Kakao
- 6 Blätter Phyllo-Teig
- Antihaft-Kochspray
- 1 Pint Kaffee, fettfreier gefrorener Joghurt
- Fettfreier, geschlagener Belag (optional)
- Gemahlener Zimt zum Garnieren

ANWEISUNGEN:

a) Heizen Sie Ihren Backofen auf 190 Grad Celsius vor.
b) In einer kleinen Schüssel Puderzucker und Kakao vermischen.
c) Legen Sie die Phyllo-Blätter auf Ihrer Arbeitsfläche aus. Stapeln Sie sie übereinander. Schneiden Sie den Stapel der Länge nach in zwei Hälften und dann quer in zwei Hälften, sodass vierundzwanzig 8 x 6 Zoll große Phyllo-Rechtecke entstehen.
d) Sprühen Sie sechs 10-Unzen-Puddingbecher leicht mit Antihaft-Kochspray ein.
e) Legen Sie ein Phyllo-Rechteck auf Ihre Arbeitsfläche und sprühen Sie es leicht mit Antihaft-Kochspray ein.
f) Einen Teil der Kakaomischung in ein Sieb geben und über den Phyllo streuen. Sprühen Sie es erneut leicht mit Antihaft-Kochspray ein.
g) Wiederholen Sie diesen Vorgang mit drei weiteren Phyllo-Rechtecken und stellen Sie sicher, dass Sie jedes einzelne so platzieren, dass die Ecken leicht von den Ecken des direkt darunter liegenden Rechtecks abgewinkelt sind.
h) Drücken Sie den Phyllo-Stapel vorsichtig in jeden Puddingbecher. Wiederholen Sie diesen Vorgang mit den restlichen Phyllo-Rechtecken und der Kakaomischung, um insgesamt 6 Tassen zu erhalten.
i) Stellen Sie die Puddingbecher zur einfacheren Handhabung in eine Biskuitrolle.
j) Backen Sie die Phyllo-Becher im vorgeheizten Ofen 8 bis 10 Minuten lang oder bis der Phyllo knusprig ist.
k) Lassen Sie die Phyllo-Becher in den Bechern auf einem Gitter etwa 15 Minuten lang abkühlen. Nehmen Sie dann die Phyllo-Becher vorsichtig aus den Puddingbechern.
l) Ordnen Sie die Phyllo-Becher auf Desserttellern an. Geben Sie in jede Tasse fettfreien, gefrorenen Joghurt mit Kaffee.
m) Belegen Sie jede Tasse nach Wunsch mit einem Klecks fettarmer Schlagsahne.
n) Mit einer Prise gemahlenem Zimt garnieren.
o) Genießen Sie Ihre köstlichen Macchiato Phyllo Cups!

44. Macchiato-Haferkekse

ZUTATEN:

- 1 Tasse ungesalzene Butter, weich
- 1 Tasse brauner Zucker, verpackt
- 2 große Eier
- 2 Esslöffel Instant-Espressopulver
- 1 Teelöffel Vanilleextrakt
- 1 ½ Tassen altmodische Haferflocken
- 1 ½ Tassen Allzweckmehl
- ½ Teelöffel Backpulver
- ½ Teelöffel Salz
- 1 Tasse halbsüße Schokoladenstückchen

ANWEISUNGEN:

a) Heizen Sie Ihren Backofen auf 350 °F (175 °C) vor und legen Sie ein Backblech mit Backpapier aus.

b) In einer großen Rührschüssel die weiche Butter und den braunen Zucker cremig rühren, bis eine leichte, lockere Masse entsteht.

c) Fügen Sie die Eier einzeln hinzu und vermischen Sie sie nach jeder Zugabe gut.

d) Lösen Sie das Instant-Espressopulver in einer kleinen Menge heißem Wasser auf. Diese Espressomischung und den Vanilleextrakt zu den feuchten Zutaten geben. Mischen, bis alles gut vermischt ist.

e) In einer separaten Schüssel Haferflocken, Mehl, Backpulver und Salz vermischen.

f) Nach und nach die trockenen Zutaten zu den feuchten Zutaten geben und verrühren, bis ein Teig entsteht.

g) Die halbsüßen Schokoladenstückchen unterrühren, bis sie gleichmäßig im Teig verteilt sind.

h) Geben Sie mit einem Löffel oder einer Keksschaufel abgerundete Esslöffel Teig in einem Abstand von etwa 5 cm auf das vorbereitete Backblech.

i) Drücken Sie jeden Keks mit der Rückseite eines Löffels oder Ihren Fingern leicht flach.

j) Im vorgeheizten Ofen 10–12 Minuten backen oder bis die Ränder fest und die Mitte noch leicht weich sind. Achten Sie darauf, nicht zu lange zu backen.

k) Nehmen Sie die Kekse aus dem Ofen und lassen Sie sie einige Minuten auf dem Backblech abkühlen, bevor Sie sie zum vollständigen Abkühlen auf einen Rost legen.

l) Genießen Sie diese köstlichen Macchiato-Haferkekse nach dem Abkühlen mit einer heißen Tasse Kaffee oder Ihrem Lieblings-Macchiato!

45. Schokoladen-Macchiato-Toffee-Chip-Kekse

ZUTATEN:

- 6 Unzen ungesalzene Butter, leicht weich
- 5 ¼ Unzen Kristallzucker
- 6 Unzen hellbrauner Zucker
- 2 große Eier
- 1 TL Vanilleextrakt
- 11 ¼ Unzen ungebleichtes Allzweckmehl
- 1 TL Backpulver
- 1 TL Salz
- ⅛ TL Espressopulver
- ¼ TL gemahlener Zimt
- 7 Unzen bittersüße Schokoladenstücke
- 7 Unzen Macchiato-Chips
- 3 Unzen Toffeestückchen

ANWEISUNGEN:
a) Heizen Sie Ihren Backofen auf 350 Grad F (175 Grad C) vor.
b) Mischen Sie in der Schüssel einer Küchenmaschine mit dem Rühraufsatz die leicht weiche Butter, den Kristallzucker und den hellbraunen Zucker bei mittlerer Geschwindigkeit etwa zwei Minuten lang, bis die Mischung cremig und gut vermischt ist.
c) Fügen Sie die Eier einzeln hinzu und schlagen Sie jedes Mal, bis sie vollständig eingearbeitet sind.
d) Den Vanilleextrakt einrühren und schlagen, bis die Mischung gut vermischt ist.
e) In einer separaten mittelgroßen Schüssel das ungebleichte Allzweckmehl, Backpulver, Salz, Espressopulver und gemahlenen Zimt verrühren.
f) Die trockenen Zutaten nach und nach zur Butter-Zucker-Mischung geben. Mischen Sie zunächst mit einem Spatel und wechseln Sie dann zum Rühraufsatz, bis die trockenen Zutaten in den Teig eingearbeitet sind.
g) Die bittersüßen Schokoladenstücke, die Macchiato-Chips und die Toffeestückchen vorsichtig unterheben, bis sie gleichmäßig im Teig verteilt sind.
h) Lege deine Backbleche mit Backpapier aus. Lassen Sie den Keksteig mit einem Esslöffel oder einem normalen Esslöffel in Häufchen auf die Backbleche fallen, mit einem Abstand von etwa fünf Zentimetern.
i) Backen Sie die Kekse einzeln im vorgeheizten Ofen etwa 12 Minuten lang oder bis die Ränder leicht golden sind. Die Mitte sollte noch leicht weich sein.
j) Nehmen Sie die Kekse aus dem Ofen und lassen Sie sie auf einem Kuchengitter abkühlen.
k) Sobald sie abgekühlt sind, können diese Schokoladen-Macchiato-Toffee-Chip-Kekse genossen werden. Sie sind eine köstliche Mischung aus Schokolade, Macchiato und Toffee bei jedem Bissen!

46. Macchiato Shortbread Sails

ZUTATEN:
FÜR DIE COOKIES:
- 2 Esslöffel Instantkaffeepulver
- 1¾ Tassen Allzweckmehl
- 2 Esslöffel Allzweckmehl
- ⅛ Teelöffel Backpulver
- ¾ Teelöffel Salz
- 6 Esslöffel Zucker
- 3 Esslöffel hellbrauner Zucker
- 1 Teelöffel gemahlener Zimt
- 1 Tasse ungesalzene Butter, kalt, in 2,5 cm große Würfel geschnitten
- 1 Esslöffel aufgebrühter starker Kaffee
- ¼ Teelöffel Vanilleextrakt

FÜR DIE GLASUR:
- 7 Unzen bittersüße Schokolade
- 1½ Tassen geröstete Mandeln, fein gehackt

ANWEISUNGEN:
FÜR DIE COOKIES:
a) Den Instantkaffee, Allzweckmehl, Backpulver, Salz, beide Zuckerarten und gemahlenen Zimt in eine Küchenmaschine geben und 5 Sekunden lang verarbeiten.

b) Verteilen Sie die kalten Butterwürfel auf der Mehlmischung in der Küchenmaschine und verarbeiten Sie sie etwa 10 Sekunden lang, bis die Mischung einer groben Mahlzeit ähnelt.

c) Gießen Sie bei laufender Küchenmaschine den gebrühten Kaffee und den Vanilleextrakt durch den Einfüllstutzen. Etwa 45 Sekunden lang verarbeiten, bis die Mischung zusammenkommt. Stoppen Sie die Maschine während des Mischens einmal, um die Schüssel mit einem Gummispatel auszukratzen.

d) Legen Sie den Teig zwischen zwei Stücke Frischhaltefolie und rollen Sie ihn aus, sodass ein 25 cm großes Quadrat mit einer Dicke von ⅜ Zoll entsteht. Schieben Sie dieses Quadrat auf ein Backblech und stellen Sie es 45 Minuten lang in den Kühlschrank.

e) Heizen Sie Ihren Backofen auf 300 Grad Fahrenheit (150 Grad Celsius) vor. Legen Sie mehrere Backbleche mit Backpapier aus oder fetten Sie sie leicht mit Pflanzenöl ein.

f) Den gekühlten Teig in 25 Quadrate schneiden und dann jedes Quadrat diagonal halbieren, sodass Dreiecke entstehen.

g) Übertragen Sie die Dreiecke mit einem Spatel vorsichtig auf die vorbereiteten Backbleche und lassen Sie zwischen den einzelnen Keksen etwa 3,5 cm Abstand.

h) Backen Sie die Kekse etwa 25 bis 30 Minuten lang, bis sie leicht golden sind und sich fest anfühlen. Nach dem Backen die Kekse zum Abkühlen auf ein Gitter legen.

FÜR DIE GLASUR:

i) Die Zartbitterschokolade oben in einem Wasserbad über kochendem Wasser schmelzen.

j) Die fein gehackten Mandeln in eine kleine Schüssel geben.

k) Wenn die Kekse abgekühlt sind, tauchen Sie die Basis jedes Dreiecks etwa ¾ Zoll tief in die geschmolzene Schokolade und dann in die gehackten Mandeln.

l) Legen Sie die Kekse auf Pergamentpapier, Wachspapier oder Aluminiumfolie und lassen Sie sie mehrere Stunden lang fest werden. Sie können den Abbindevorgang beschleunigen, indem Sie die Kekse in den Kühlschrank stellen.

m) Wenn Sie die Kekse am ersten Tag genießen möchten, können Sie sie auf einen Teller legen oder auf dem Backblech liegen lassen. Danach legen Sie die Kekse in einen luftdichten Behälter, legen Sie zwischen den Schichten Plastikfolie, Pergament oder Wachspapier ein und bewahren Sie den Behälter bis zu zwei Wochen im Gefrierschrank auf.

n) Bringen Sie die Kekse vor dem Servieren auf Zimmertemperatur.

NACHSPEISEN

47. Macchiato- Eclairs

ZUTATEN:
- 1 Portion hausgemachtes oder im Laden gekauftes Eclair-Gebäck
- 1 Tasse Sahne
- 2 Esslöffel Instantkaffeegranulat
- ¼ Tasse Puderzucker
- ½ Teelöffel Vanilleextrakt
- ¼ Tasse Kakaopulver (zum Bestäuben)

ANWEISUNGEN:
a) Bereiten Sie die Eclair-Teighüllen nach Rezept oder Packungsanleitung zu und lassen Sie sie abkühlen.
b) Lösen Sie in einer kleinen Schüssel das Instantkaffeegranulat in ein paar Esslöffeln heißem Wasser auf. Lassen Sie es abkühlen.
c) Schlagen Sie in einer separaten Schüssel Sahne, Puderzucker und Vanilleextrakt auf, bis sich steife Spitzen bilden.
d) Die Kaffeemischung vorsichtig unter die Schlagsahne heben.
e) Schneiden Sie jede Eclair-Schale horizontal in zwei Hälften und füllen Sie sie mit der Schlagsahne mit Kaffeegeschmack.
f) Die Oberseite der Eclairs mit Kakaopulver bestäuben.
g) Servieren und genießen Sie Ihre hausgemachten Macchiato-Eclairs!

48. Karamell-Macchiato-Halbmonde

ZUTATEN:
- 1 Dose (8 oz) gekühlte Crescent Rolls (8 Stück)
- 16 Karamellbonbons, unverpackt
- 1 Dose (16 oz) Schokoladenglasur
- 1 Esslöffel Kaffee

ANWEISUNGEN:

a) Packen Sie 16 Karamellbonbons aus und schneiden Sie sie dann in zwei Hälften. Das breite Ende jedes Halbmondes mit vier dieser kleinen Karamellscheiben auslegen.

b) Rollen Sie den Teig fest um das Karamell und backen Sie ihn dann gemäß den Anweisungen auf der Packung.

c) Für die Glasur 1/2 Tasse Schokoladenglasur mit 1 Esslöffel Kaffee vermischen. 10–20 Sekunden in der Mikrowelle erhitzen, dann in einen Beutel mit Reißverschluss füllen und über die warmen Hörnchen träufeln.

49. Karamell-Macchiato-Mousse

ZUTATEN:
- 1 Tasse Sahne
- 2 Esslöffel Puderzucker
- 2 Esslöffel Karamellsauce
- 2 Esslöffel Instantkaffeegranulat
- ½ Teelöffel Vanilleextrakt
- Schlagsahne und Karamell zum Garnieren (optional)

ANWEISUNGEN:
a) Schlagen Sie in einer Rührschüssel Sahne, Puderzucker, Karamellsauce, Instantkaffee und Vanilleextrakt auf, bis sich weiche Spitzen bilden.
b) Teilen Sie die Mousse-Mischung auf Serviergläser oder Schüsseln auf.
c) Mindestens 2 Stunden im Kühlschrank lagern, damit die Mousse fest wird.
d) Vor dem Servieren mit einem Klecks Schlagsahne und nach Belieben einem Schuss Karamellsauce garnieren.

50.Karamell-Macchiato-Trifle

ZUTATEN:

Für den Kuchen:
- 1 ¼ Tassen Allzweckmehl
- 3 Esslöffel Maisstärke
- 1 ½ Teelöffel Backpulver
- ¼ Teelöffel Salz
- ½ Tasse ungesalzene Butter, weich
- 1 Tasse Kristallzucker
- 2 Eier
- ½ Tasse International Delights Iced Coffee Caramel Macchiato
- 1 Teelöffel Vanilleextrakt

Für die Soße:
- ½ Tasse gesüßte Kondensmilch
- ½ Tasse Karamellsauce
- ½ Tasse International Delights Iced Coffee Caramel Macchiato

Für den Belag:
- 3-4 Tassen Schlagsahne oder Cool Whip (1 Dose, aufgetaut)
- Karamell-Sauce
- 4 Einmachgläser mit je zwei Tassen
- Optionale Garnitur: Espressobohnen mit Schokoladenüberzug

ANWEISUNGEN:

Für den Kuchen:
a) Heizen Sie Ihren Backofen auf 400 Grad F vor. Fetten Sie eine 9 x 9 Zoll große Auflaufform mit Antihaft-Kochspray ein und stellen Sie sie beiseite.
b) In einer mittelgroßen Rührschüssel Mehl, Maisstärke, Backpulver und Salz vermischen.
c) In einer großen Rührschüssel die weiche Butter und den Kristallzucker verrühren, bis die Mischung leicht und locker wird. Dies sollte etwa 2 Minuten dauern.
d) Geben Sie die Eier nach und nach einzeln hinzu und vermischen Sie sie nach jeder Zugabe. Den International Delights Iced Coffee Caramel Macchiato und den Vanilleextrakt hinzufügen und verrühren, bis der Teig gut vermischt und glatt ist. Achten Sie darauf, bei Bedarf die Seiten der Rührschüssel abzukratzen.
e) Fügen Sie die trockenen Zutaten zu den nassen Zutaten hinzu und vermischen Sie sie, bis sie sich gerade vermischt haben.

f) Den Kuchenteig in die vorbereitete Auflaufform füllen.
g) 30 bis 35 Minuten backen oder bis sich die Ränder des Kuchens von der Form lösen und ein in der Mitte steckender Zahnstocher sauber herauskommt.
h) Übertragen Sie den Kuchen vorsichtig aus dem Ofen auf ein Gitter zum Abkühlen. Lassen Sie es abkühlen, während Sie die Sauce zubereiten.

Für die Soße:
i) In einer mittelgroßen Rührschüssel die gesüßte Kondensmilch, die Karamellsauce und den International Delights Iced Coffee Caramel Macchiato verrühren, bis die Mischung gut vermischt ist.
j) Stechen Sie mit dem Stiel eines Holzlöffels überall Löcher in den Kuchen. Gießen Sie die Soße gleichmäßig über den Kuchen und lassen Sie sie einwirken, bis der Kuchen auf Zimmertemperatur abgekühlt ist.

Montage:
k) Den abgekühlten Kuchen in kleine Stücke schneiden.
l) In jedes Einmachglas eine Schicht Kuchen legen. In jedes Glas 1/3 Tasse Schlagsahne über den Kuchen geben. Die Schlagsahne mit einer weiteren Schicht Kuchen belegen. Etwas mehr Schlagsahne über den Kuchen geben.
m) Mit einem Löffel Karamellsauce über jedes Trifle träufeln. Falls gewünscht, ein paar Espressobohnen mit Schokoladenüberzug in die Mitte geben.
n) Decken Sie die Trifles ab und bewahren Sie sie bis zum Servieren im Kühlschrank auf. Genießen!

51. Macchiato -Mousse

ZUTATEN:

- 1 Unze halbsüße Schokoladenquadrate
- 2 Eigelb
- ½ Tasse) Zucker
- 1 Teelöffel Zimt
- 1 Packung geschmacksneutrale Gelatine
- 4 Unzen heiß gebrühter Espresso (oder heißer Kaffee)
- 2 Esslöffel Kahlua
- 2 Tassen Schlagsahne
- 2 Esslöffel Zucker
- 2 Eiweiß
- Zimt zum Garnieren

ANWEISUNGEN:

a) Die Zartbitterschokolade im Wasserbad schmelzen.

b) In einer separaten Schüssel Eigelb, ½ Tasse Zucker und Zimt vermischen. Schlagen Sie, bis die Mischung schaumig und gleichmäßig gefärbt ist. Dies sollte etwa 2 Minuten dauern.

c) Lösen Sie die Gelatine im heiß gebrühten Espresso (oder Kaffee) und Kahlua auf. Geben Sie diese Mischung zur Schokoladen-Ei-Mischung und schlagen Sie noch eine Minute lang weiter. Vom Herd nehmen und abkühlen lassen.

d) In einer anderen Schüssel die Schlagsahne mit 2 Esslöffeln Zucker schlagen, bis sich weiche Spitzen bilden. Ein Viertel der Schlagsahne zum Garnieren aufbewahren und das restliche Dreiviertel unter die Schokoladen-Ei-Mischung heben.

e) Schlagen Sie das Eiweiß, bis es fest wird, und heben Sie es dann vorsichtig unter die Mousse-Mischung.

f) Stellen Sie die Mousse 3-4 Stunden lang in den Kühlschrank, damit sie fest wird.

g) Vor dem Servieren jede Portion mit einem Klecks der beiseite gestellten Schlagsahne und einer Prise Zimt garnieren.

h) Genießen Sie Ihr köstliches Macchiato-Mousse!

52. Geschichteter Karamell-Macchiato-Eiskuchen

ZUTATEN:
- 2 1/2 Tassen Protein-Haferflocken-Honig-Müsli, aufgeteilt
- 1/4 Tasse geschmolzene Butter
- 1 Pfund Schlagsahne
- 2 Teelöffel Instant-Espressopulver
- 1/3 Tasse Karamellsauce, geteilt
- 1 Esslöffel Schokoladensirup

ANWEISUNGEN:

a) Geben Sie 2 Tassen Müsli in einen Mixer oder eine Küchenmaschine und verarbeiten Sie es, bis feine Krümel entstehen. Zum Überziehen die geschmolzene Butter einrühren.

b) Drücken Sie die Müslikrümel in eine 9 x 9 Zoll große Auflaufform und backen Sie sie 10 Minuten lang im 350 ° F heißen Ofen. Lassen Sie es vollständig abkühlen.

c) In der Zwischenzeit den aufgeschlagenen Belag und das Espressopulver verrühren.

d) Die Hälfte des geschlagenen Belags auf der Müslikruste verteilen und mit 1/4 Tasse Karamellsauce belegen. Das restliche Müsli darüber streuen.

e) Den Rest des geschlagenen Belags hinzufügen. Die restliche Karamellsauce und den Schokoladensirup darüber träufeln.

f) Vor dem Schneiden und Servieren mindestens 4 Stunden im Kühlschrank lagern.

53.Karamell-Macchiato-Kekse

ZUTATEN:
- 2 Teelöffel Instant-Espresso oder Kaffeepulver
- 1 Esslöffel heißes Wasser

ZUCKER-KEKSMISCHUNG
- 1/4 Tasse Allzweckmehl
- 1/2 Tasse Butter, geschmolzen
- 2 Teelöffel Vanilleextrakt
- 1 Ei
- 18 Karamellquadrate, unverpackt
- 2 Esslöffel Milch
- 1/2 Tasse halbsüße Schokoladenstückchen

ANWEISUNGEN:
a) Den Ofen auf 375 Grad vorheizen.
b) In einer großen Schüssel Kaffeepulver in heißem Wasser auflösen.
c) Keksmischung, Mehl, geschmolzene Butter, Vanille und Ei unterrühren, bis ein weicher Teig entsteht.
d) Formen Sie den Teig zu 1 1/2 Zoll großen Kugeln. Machen Sie mit Ihrem Daumen oder einem Löffel eine Vertiefung in die Mitte jedes Kekses. 8-10 Minuten backen.
e) In einer kleinen mikrowellengeeigneten Schüssel Karamellbonbons und Milch in die Mikrowelle geben, bis die Karamellbonbons geschmolzen sind.
f) Geben Sie einen halben Teelöffel Karamell in jeden Keks. Lassen Sie sie 15 Minuten lang abkühlen.
g) Die Schokoladenstückchen in der Mikrowelle erhitzen, bis sie geschmolzen sind, und dann über die Kekse träufeln.

54. Karamell-Macchiato-Cupcakes

ZUTATEN:
FÜR DIE KAFFEE-CUPCAKES:
- 2 TL Instantkaffeegranulat
- 2 TL warmes Wasser
- 100 g weiche Butter
- 100 g Puderzucker
- 2 mittelgroße Eier
- 100 g selbstaufgehendes Mehl
- ½ TL Backpulver

EXTRAS:
- 8 Cupcake-Förmchen

FÜR DIE VANILLECREME:
- 120 ml Schlagsahne
- ½ TL Vanilleextrakt

FÜR DIE KARAMELLSAUCE:
- 100 g Kristallzucker
- 30 g Butter
- 60 ml Sahne (oder 30 ml Sahne und 30 ml Vollmilch)

ANWEISUNGEN:
Zubereitung der Kaffee-Cupcakes:
a) Den Backofen auf 180 °C/160 °C Umluft vorheizen. Cupcake-Förmchen in eine Muffinform geben.

b) Lösen Sie in einer großen Schüssel 2 Teelöffel Instantkaffeegranulat in 2 Teelöffel warmem Wasser auf.

c) Weiche Butter, Puderzucker, Eier, Mehl und Backpulver in die Schüssel geben. Schlagen, bis alles vollständig vermischt ist.

d) Verteilen Sie die Kuchenmasse gleichmäßig auf die 8 Cupcake-Förmchen (jeweils ca. 50 g).

e) 18 Minuten im Ofen backen. Überprüfen Sie den Gargrad mit einem Spieß – wenn alles sauber herauskommt, sind sie fertig. Wenn nicht, backen Sie noch ein paar Minuten.

f) Die Cupcakes aus der Form nehmen und auf einem Kuchengitter abkühlen lassen.

ZUBEREITUNG DER KARAMELLSAUCE:
g) Alle Zutaten für die Karamellsauce in separate Schüsseln abmessen (Kristallzucker, Butter und Sahne). Die Butter in kleine Würfel schneiden.

h) Den Zucker in einem Topf gleichmäßig auf dem Boden verteilen und bei mittlerer Hitze erhitzen. Bewegen Sie den Zucker vorsichtig mit einem Spatel hin und her, bis er vollständig geschmolzen ist.
i) Rühren Sie vorsichtig weiter, bis der Zucker eine hellbraune Farbe annimmt.
j) Sobald das Karamell hellbraun ist, vorsichtig die Butter hinzufügen und schnell verrühren, bis die Butter vollständig geschmolzen und vermischt ist. Seien Sie vorsichtig, da die Sauce beim Hinzufügen von Butter und Sahne Blasen bilden und spritzen kann.
k) Schalten Sie den Herd aus, geben Sie die Sahne hinzu und verrühren Sie alles schnell, bis alles gut vermischt ist. Sollten noch kleine Zuckerkristalle vorhanden sein, die Sauce durch ein Sieb passieren, um sie zu entfernen.
l) Geben Sie die Soße in eine Schüssel oder einen Krug und stellen Sie sie zum Abkühlen in den Kühlschrank.

ZUBEREITUNG DER VANILLECREME:
m) Schlagsahne und Vanilleextrakt in einer Schüssel schlagen, bis die Sahne steif wird und mit dem Schneebesen eine deutliche Spur entsteht.

ZUSAMMENSETZUNG DER CUPCAKES:
n) Schneiden Sie mit einem scharfen Messer einen Kreis in die Oberseite jedes Cupcakes und löffeln Sie die Mitte vorsichtig mit einem Teelöffel aus.
o) 1 TL Karamellsauce in die Mitte jedes Cupcakes geben.
p) Belegen Sie jeden Cupcake mit der Schlagsahne.
q) Die restliche Karamellsauce über jeden Cupcake träufeln.

55. Karamell-Macchiato-Fingerabdrücke

ZUTATEN:
- 2 Teelöffel Instant-Espresso-Kaffeepulver oder -Granulat
- 1 Esslöffel heißes Wasser
- 1 Beutel Zuckerkeksmischung
- 1/4 Tasse Allzweckmehl
- 1/2 Tasse geschmolzene Butter oder Margarine
- 2 Teelöffel Vanilleextrakt
- 1 Ei
- 18 unverpackte Karamellbonbons
- 2 Esslöffel Milch
- 1/2 Tasse halbsüße Schokoladenstückchen
- 1 Teelöffel Backfett

ANWEISUNGEN:
a) Heizen Sie Ihren Backofen auf 375 °F vor. In einer großen Schüssel das Kaffeepulver in heißem Wasser auflösen. Keksmischung, Mehl, geschmolzene Butter, Vanille und Ei unterrühren, bis ein sehr weicher Teig entsteht.
b) Formen Sie den Teig zu 1 1/2 Zoll großen Kugeln. Legen Sie die Kugeln im Abstand von 5 cm auf ungefettete Backbleche. Machen Sie mit Ihrem Daumen oder dem Griff eines Holzlöffels eine Vertiefung in die Mitte jedes Kekses.
c) 8 bis 10 Minuten backen oder bis die Ränder leicht goldbraun sind. Lassen Sie sie 2 Minuten abkühlen, nehmen Sie sie dann von den Backblechen und legen Sie sie auf Abkühlgitter.
d) In einer kleinen mikrowellengeeigneten Schüssel die Karamellbonbons und die Milch offen auf hoher Stufe 1 bis 1 Minute und 30 Sekunden lang in der Mikrowelle erhitzen und dabei einmal umrühren, bis die Karamellbonbons geschmolzen sind. Geben Sie einen halben Teelöffel Karamell in die Vertiefung jedes Kekses. Lassen Sie sie 15 Minuten lang abkühlen.
e) In einer anderen kleinen mikrowellengeeigneten Schüssel die Schokoladenstückchen und das Backfett ohne Deckel auf höchster Stufe 1 bis 1 Minute und 30 Sekunden lang in der Mikrowelle erhitzen, oder bis die Stückchen glatt gerührt werden können. Die geschmolzene Schokolade über die Kekse träufeln. Lassen Sie sie etwa 30 Minuten stehen oder bis die Schokolade fest wird. Genießen!

56. Macchiato- Schokoladen-Herzkuchen

ZUTATEN:

- 1 ¼ Tassen Kuchenmehl
- ½ Tasse ungesüßtes Kakaopulver
- 1 Teelöffel Backpulver
- ½ Teelöffel Salz
- ¼ Teelöffel Backpulver
- ½ Tasse + 2 Esslöffel ungesalzene Butter, weich
- 1 ½ Tassen Kristallzucker
- 3 große Eier
- ½ Tasse Buttermilch
- ½ Tasse Kaffee doppelter Stärke oder Espresso
- 2 Teelöffel reiner Vanilleextrakt
- ½ Teelöffel Instant-Espressopulver
- 1 Esslöffel Puderzucker
- 2 Unzen halbsüße Schokolade, geschmolzen
- 2 Unzen weiße Schokolade, separat geschmolzen
- Frische Himbeeren zum Garnieren

ANWEISUNGEN:

a) Heizen Sie Ihren Ofen auf 190 Grad Celsius vor. Eine quadratische Kuchenform mit einem Zentimeter Durchmesser einfetten, den Boden mit Backpapier auslegen und das Papier einfetten.

b) In einer separaten Schüssel Kuchenmehl, Kakaopulver, Natron, Salz und Backpulver vermischen. Stellen Sie diese trockene Mischung beiseite.

c) In einer großen Schüssel mit einem Elektromixer die weiche Butter und den Kristallzucker schlagen, bis eine leichte und lockere Masse entsteht.

d) Schlagen Sie die Eier einzeln unter und achten Sie darauf, dass Sie nach jeder Zugabe gut verrühren.

e) Mischen Sie in einem separaten Behälter Buttermilch, Kaffee und Vanille.

f) Abwechselnd die Buttermilch-Kaffee-Mischung und die Mehlmischung zum Teig geben. Beginnen und beenden Sie mit der Mehlmischung.

g) Den Teig in die vorbereitete Kuchenform geben.

h) Etwa 35 bis 40 Minuten backen, bis die Oberseite bei leichter Berührung zurückspringt.

i) Lassen Sie den Kuchen 10 Minuten lang auf einem Kuchengitter abkühlen. Anschließend aus der Form auf ein Kuchengitter stürzen und vollständig abkühlen lassen. Ziehen Sie das Pergamentpapier ab.

j) Schneiden Sie mit einem 2 ½ Zoll großen herzförmigen Ausstecher Herzformen aus dem Kuchen.

k) Rühren Sie das Instant-Espressopulver und den Puderzucker zusammen und sieben Sie diese Mischung dann über die herzförmigen Kuchen.

l) Übertragen Sie die Kuchen auf einzelne Servierteller.

m) Tauchen Sie die Zinken einer Gabel in die geschmolzene Zartbitterschokolade und träufeln Sie sie über die Herzen. Wiederholen Sie diesen Schritt mit der geschmolzenen weißen Schokolade.

n) Die Kuchen mit frischen Himbeeren garnieren.

o) Genießen Sie Ihre köstlichen Macchiato-Schokoladen-Herzkuchen!

57. Mit Karamell gefüllte Macchiato-Kekse

ZUTATEN:

- 1 Beutel Zuckerkeksmischung
- 1/4 Tasse Allzweckmehl
- 2 Teelöffel Vanilleextrakt
- 1 Ei
- 1/2 Tasse geschmolzene Butter
- 3 Teelöffel Instant-Espressopulver
- 1 Esslöffel heißes Wasser
- 1 Tüte Schokoladenstückchen (halbsüß oder dunkel)
- 14-Unzen-Beutel Karamellbonbons

ANWEISUNGEN:

a) Heizen Sie Ihren Backofen auf 375 °F vor.
b) In eine Rührschüssel heißes Wasser und Espressopulver geben. Das Pulver sollte sich sofort auflösen.
c) Die Keksmischung, Mehl, Vanille, Ei und geschmolzene Butter hinzufügen und verrühren, bis alles gut vermischt ist.
d) Die Schokoladenstückchen dazugeben und mit der Hand verrühren, bis sie gleichmäßig verteilt sind.
e) Die Karamellbonbons auspacken und halbieren.
f) Formen Sie den Keksteig zu 2,5 cm großen Kugeln und legen Sie ein oder zwei Karamellstücke in die Mitte jeder Teigkugel.
g) Legen Sie die Teigkugeln für 5 Minuten in den Gefrierschrank.
h) 10-12 Minuten backen und 2 Minuten abkühlen lassen. Übertragen Sie sie dann auf Kühlregale und lassen Sie sie vollständig abkühlen.
i) Genießen Sie Ihre mit Karamell gefüllten Macchiato-Schokoladenkekse!

58. Karamell-Macchiato-Eiscreme-Sandwiches

ZUTATEN:
- 1 ½ Tassen Allzweckmehl
- ½ Teelöffel Backpulver
- ¼ Teelöffel Salz
- ½ Tasse ungesalzene Butter, weich
- ½ Tasse Kristallzucker
- ½ Tasse brauner Zucker
- 1 großes Ei
- 1 Teelöffel Vanilleextrakt
- 2 Esslöffel Instantkaffeegranulat
- ½ Tasse Karamellsauce
- 1 Pint Kaffee oder Karamell-Eis

ANWEISUNGEN:

a) Heizen Sie Ihren Backofen auf 375 °F (190 °C) vor und legen Sie ein Backblech mit Backpapier aus.

b) In einer Schüssel Mehl, Backpulver und Salz verquirlen.

c) In einer separaten Rührschüssel die weiche Butter, den Kristallzucker und den braunen Zucker cremig rühren, bis eine leichte, lockere Masse entsteht. Ei und Vanilleextrakt dazugeben und gut verrühren.

d) Lösen Sie das Instantkaffee-Granulat in 2 Esslöffeln heißem Wasser auf. Die Kaffeemischung zur Buttermischung geben und verrühren, bis alles gleichmäßig eingearbeitet ist.

e) Die trockenen Zutaten nach und nach zur Buttermischung geben und verrühren, bis alles gut vermischt ist.

f) Lassen Sie abgerundete Esslöffel Teig mit einem Abstand von etwa 5 cm auf das vorbereitete Backblech fallen. Jede Teigkugel mit der Handfläche leicht flach drücken.

g) 10-12 Minuten backen oder bis die Ränder fest sind. Lassen Sie die Kekse vollständig abkühlen.

h) Nehmen Sie eine Kugel Kaffee oder Karamell-Eis und träufeln Sie Karamellsauce darüber. Legen Sie es zwischen zwei Kekse.

i) Legen Sie die Eiscremesandwiches vor dem Servieren mindestens 1 Stunde lang in den Gefrierschrank, damit sie fester werden.

59.Karamell-Macchiato-Gelato

ZUTATEN:
- 1 (14 Unzen) Dose gesüßte Kondensmilch
- 2 ½ Tassen schwere Schlagsahne
- 2 Esslöffel Instant-Espressopulver in ¼ Tasse kochendem Wasser auflösen
- ⅓ Tasse Kaffeelikör
- 1 Teelöffel Vanilleextrakt
- ¼ Tasse Karamellsirup (z. B. Starbucks-Karamellsirup)

ANWEISUNGEN:

a) Stellen Sie Ihre Rührschüssel, Rührbesen und die Sahne in den Gefrierschrank. Lassen Sie sie mindestens 20 Minuten abkühlen.

b) In einer mittelgroßen Schüssel gesüßte Kondensmilch, Espresso, Kaffeelikör und Vanille verrühren. Gut vermischen und beiseite stellen.

c) Nehmen Sie die gekühlte Schüssel, die Rührbesen und die Schlagsahne aus dem Gefrierschrank. Gießen Sie die 2 ½ Tassen Schlagsahne in die gekühlte Schüssel und beginnen Sie, die Sahne bei niedriger Geschwindigkeit zu schlagen. Erhöhen Sie die Geschwindigkeit schrittweise, bis Sie eine hohe Geschwindigkeit erreichen. Schlagen Sie die Sahne, bis sie beim Anheben der Rührbesen ihre Form beibehält. Dies dauert etwa 5 Minuten. Achten Sie darauf, die Sahne nicht zu stark zu schlagen, sonst wird sie zu Butter.

d) Gießen Sie die gesüßte Kondensmilchmischung in die Schlagsahne. Die Kondensmilchmischung mit einem Spatel vorsichtig unter die Schlagsahne heben, bis sie vollständig vermischt ist.

e) Decken Sie die Schüssel ab und stellen Sie sie für 45 Minuten in den Gefrierschrank.

f) Nehmen Sie die Schüssel aus dem Gefrierschrank und mixen Sie das Gelato 1 Minute lang. Gießen Sie das Gelato in einen Behälter mit dicht schließendem Deckel.

g) Den Karamellsirup über das Gelato gießen. Schwenken Sie das Karamell mit einem Messer in das Gelato, ohne es vollständig zu vermischen. Sie möchten die Karamellwirbel sehen.

h) Frieren Sie das Gelato vor dem Servieren etwa 6 Stunden lang ein.

60.Karamell Macchiato Affogato

ZUTATEN:
- 1 Kugel Karamell-Gelato oder Eis
- 1 Schuss Espresso
- Karamellsirup
- Schlagsahne.

ANWEISUNGEN:
a) Geben Sie eine Kugel Karamell-Gelato oder Eis in ein Servierglas.
b) Gießen Sie einen Schuss heißen Espresso über das Gelato.
c) Mit Karamellsirup beträufeln.
d) Mit Schlagsahne belegen.

61. Karamell-Macchiato-Tres-Leches-Kuchen

ZUTATEN:
FÜR DIE CREMEMISCHUNG:
- 1 (14 Unzen) Dose gesüßte Kondensmilch
- 1 (12 Unzen) Dose Kondensmilch
- 1/2 Tasse schwere Schlagsahne
- 1 Tasse kalter starker Kaffee
- 1 Teelöffel Vanilleextrakt

FÜR DEN KUCHEN:
- 1 1/2 Tassen Kristallzucker
- 1/2 Tasse Butter, weich
- 1 Esslöffel Vanilleextrakt
- 4 große Eier
- 2 Tassen Allzweckmehl
- 1 Teelöffel Backpulver
- 1 Teelöffel Backpulver
- 1/2 Teelöffel Salz
- 1 Tasse Vollmilch

FÜR DEN Zuckerguss:
- 2 Tassen schwere Schlagsahne
- 1/2 Tasse Dulce de Leche
- 2 Esslöffel Puderzucker
- 1/8 Teelöffel Salz
- Vorgewärmte Dulce de Leche zum Beträufeln (nach Wunsch)

ANWEISUNGEN:
FÜR DIE CREMEMISCHUNG:
a) Alle Zutaten der Sahnemischung in einer Schüssel vermischen. beiseite legen.

FÜR DEN KUCHEN:
b) Heizen Sie den Ofen auf 350 °F vor. Eine 33 x 23 cm große Kuchenform einfetten und bemehlen. beiseite legen.
c) In einer Schüssel Kristallzucker, weiche Butter und 1 Esslöffel Vanille vermischen. Bei mittlerer Geschwindigkeit schlagen, bis alles gut vermischt ist. Fügen Sie die Eier hinzu; Weiter schlagen, bis die Mischung leicht und locker wird.
d) In einer anderen Schüssel Mehl, Backpulver, Natron und Salz gut vermischen. Die Mehlmischung zur Buttermischung geben; Bei niedriger Geschwindigkeit schlagen, bis alles gut vermischt ist. Fügen Sie die Milch hinzu und schlagen Sie weiter, bis alles gut vermischt ist.
e) Den Teig in die vorbereitete Form füllen. 35–40 Minuten backen oder bis ein Zahnstocher in der Mitte sauber herauskommt und die Oberseite schön gebräunt ist. Während der Kuchen noch heiß ist, die Sahnemischung über den Kuchen gießen. Lassen Sie es ruhen, bis die Flüssigkeit vollständig aufgesogen ist. Mindestens 4 Stunden oder über Nacht im Kühlschrank lagern.

FÜR DEN Zuckerguss:
f) Kurz vor dem Servieren alle Zutaten für die Glasur in einer Schüssel vermischen. Mit hoher Geschwindigkeit schlagen, bis sich steife Spitzen bilden. Den Zuckerguss oben auf dem Kuchen verteilen.
g) Nach Belieben mit zusätzlicher Dulce de Leche beträufeln.

62. Latte Macchiato Sahnetorte

ZUTATEN:
FÜR DIE TORTE:
- 200 g Allzweckmehl
- 200 g (7 oz) Kristallzucker
- 200 g (7 oz) ungesalzene Butter, weich
- 4 große Eier
- 1 TL Backpulver
- 2 TL Vanilleextrakt
- 2 Kapseln Latte Macchiato Espresso (ca. 80 ml)
- Eine Prise Salz

FÜR DIE LATTE MACCHIATO CREME:
- 4 Kapseln Latte Macchiato Espresso (ca. 160 ml)
- 250 ml (8,5 oz) schwere Schlagsahne
- 100 g (3,5 oz) Puderzucker
- 2 TL Instantkaffee-Granulat (zur Dekoration)

ANWEISUNGEN:
ZUBEREITUNG DER TORTE:
a) Heizen Sie Ihren Backofen auf 180 °C (350 °F) vor. Eine runde Kuchenform (23 cm) einfetten und mit Backpapier auslegen.
b) Lösen Sie in einer kleinen Schüssel das Instantkaffeegranulat aus den Latte Macchiato-Espressokapseln auf. Zum Abkühlen beiseite stellen.
c) In einer Rührschüssel die weiche Butter und den Kristallzucker cremig rühren, bis eine leichte, lockere Masse entsteht.
d) Fügen Sie die Eier einzeln hinzu und vermischen Sie sie nach jeder Zugabe gut. Den Vanilleextrakt einrühren.
e) In einer separaten Schüssel Allzweckmehl, Backpulver und eine Prise Salz vermischen.
f) Geben Sie nach und nach die trockenen Zutaten zu den feuchten Zutaten und verrühren Sie alles, bis alles gut vermischt ist.
g) Den abgekühlten Latte Macchiato-Espresso dazugeben und verrühren, bis der Teig glatt und gut eingearbeitet ist.
h) Den Teig in die vorbereitete Kuchenform füllen und die Oberseite glatt streichen.
i) Im vorgeheizten Ofen etwa 25–30 Minuten backen oder bis ein in die Mitte gesteckter Zahnstocher sauber herauskommt.
j) Lassen Sie die Torte einige Minuten in der Form abkühlen, bevor Sie sie zum vollständigen Abkühlen auf ein Kuchengitter geben.

ZUBEREITUNG DER LATTE MACCHIATO-CREME:

k) Brühen Sie 4 Kapseln Latte Macchiato Espresso auf und lassen Sie sie abkühlen.
l) In einer Rührschüssel die Schlagsahne schlagen, bis steife Spitzen entstehen.
m) Den Puderzucker vorsichtig unter die Schlagsahne heben.
n) Den abgekühlten Latte Macchiato-Espresso nach und nach zur Sahnemischung geben und vorsichtig unterheben, bis er vollständig eingearbeitet ist.

ZUSAMMENBAU DER TORTE:
o) Die abgekühlte Torte waagerecht in zwei gleich große Schichten schneiden.
p) Legen Sie eine Schicht auf einen Servierteller und verteilen Sie eine großzügige Portion Latte Macchiato-Creme darauf.
q) Den zweiten Tortenboden vorsichtig auf die Creme legen.
r) Den gesamten Kuchen mit der restlichen Latte Macchiato-Creme bestreichen, um ein glattes und gleichmäßiges Finish zu gewährleisten.
s) Verzieren Sie die Torte mit einer Prise Instantkaffeegranulat oder einem Spritzer Latte Macchiato-Espresso für den letzten Schliff.
t) Schneiden Sie Ihre Latte Macchiato-Sahne-Torte in Scheiben und servieren Sie sie, um dieses köstliche Dessert zu genießen.

63. Latte Macchiato-Käsekuchen

ZUTATEN:
FÜR DEN KEKSBASIS:
- 100 g Zucker
- 200 g Mehl
- 120 g Butter
- 1 Esslöffel Sahne
- 1 Esslöffel Zimt
- 1 Teelöffel gemahlene Vanille

KÄSEFÜLLUNG:
- 2 Kapseln Arpeggio Grand Cru
- 400 g Frischkäse
- 250 g Mascarpone
- 2 Eier
- 180 g (6 oz) Zucker
- 1 Esslöffel Mehl
- 1 Esslöffel Vanilleextrakt

LATTE MACCHIATO:
- 1 Kapsel Arpeggio Grand Cru
- 150 ml (5 oz) Milch
- 1 Esslöffel Schokoladenkekssirup
- Marshmallows

ANWEISUNGEN:
FÜR DEN KEKSBASIS:
a) Alle Zutaten für die Keksbasis vermischen, bis eine grobe Semmelbröselstruktur entsteht.
b) Verteilen Sie die Mischung in einer gefetteten, mit Backpapier ausgelegten Springform (28 cm/11 Zoll).
c) 15 bis 20 Minuten im Ofen backen.

FÜR DIE KÄSEKUCHENFÜLLUNG:
d) Bereiten Sie 2 Arpeggio Grand Crus in Espresso (40 ml/1,5 oz) zu.
e) Den Espresso und alle Zutaten für die Käsefüllung in einen Mixer oder Mixer geben.
f) Mischen, bis die Creme glatt ist.
g) Die Masse auf den Keksboden gießen und 40 Minuten backen.
h) Lassen Sie den Käsekuchen abkühlen, stellen Sie ihn dann in den Kühlschrank und lassen Sie ihn über Nacht fest werden.

FÜR DEN LATTE MACCHIATO:
i) Gießen Sie den Schokoladenkekssirup in ein Rezeptglas.
j) Schäumen Sie die Milch mit dem Aeroccino-Milchaufschäumer oder der Dampfdüse Ihrer Nespresso-Maschine auf.
k) Geben Sie die aufgeschäumte Milch in das Glas.
l) Gießen Sie den Arpeggio Grand Cru (40 ml) direkt über die aufgeschäumte Milch.
m) Wenn Sie die Lattissima+-Maschine verwenden, drücken Sie die Ein-Taste.
n) Zum Abschluss mit Marshmallows belegen.

64. Macchiato- Gugelhupf

ZUTATEN:
- ⅓ Tasse leicht schmeckendes Olivenöl
- ½ Tasse Schokoladenstückchen
- ½ Tasse gehackte Nüsse (Haselnüsse oder Walnüsse)
- 1 Packung gelbe Kuchenmischung
- 4 Esslöffel Instant-Espressokaffee
- 2 Teelöffel gemahlener Zimt
- 3 große Eier
- 1 ¼ Tassen Wasser
- Puderzucker (zum Bestäuben)

ANWEISUNGEN:
a) Bereiten Sie eine 12-Tassen-Gugelhupfform vor, indem Sie sie mit Olivenöl bestreichen und dann leicht mit Mehl bestäuben. Heizen Sie Ihren Backofen auf 325 °F (162 °C) vor.
b) Schokoladenstückchen und gehackte Nüsse vermischen. Diese Mischung gleichmäßig auf den Boden der vorbereiteten Gugelhupfform verteilen.
c) In einer großen Schüssel den Instant-Espressokaffee und den gemahlenen Zimt unter die gelbe Kuchenmischung rühren.
d) ⅓ Tasse Olivenöl, Eier und Wasser zur Kuchenmischung geben. Langsam mit einem Elektromixer vermischen, bis die Masse gerade noch feucht ist, dann 2 Minuten lang bei mittlerer Geschwindigkeit schlagen.
e) Gießen Sie den Kuchenteig über die Schokoladenstückchen und das Nuss-Topping in der Form.
f) Im vorgeheizten Ofen etwa 60 Minuten backen oder bis ein in den Kuchen gesteckter Zahnstocher sauber herauskommt.
g) Lassen Sie den Kuchen 15 Minuten lang auf einem Kuchengitter abkühlen, stellen Sie dann die Form auf einen Servierteller und lassen Sie ihn vollständig abkühlen.
h) Sobald der Kuchen abgekühlt ist, bestreuen Sie ihn mit Puderzucker.
i) Zum Servieren den Kuchen in Scheiben schneiden und mit leicht gesüßtem Ricotta-Käse servieren. Um den Ricotta zu süßen, mischen Sie etwa 2 Teelöffel Kristallzucker mit 15 Unzen Ricotta-Käse. Bestäuben Sie den Kuchen mit etwas zusätzlichem Zimt, um ihm mehr Geschmack zu verleihen.
j) Genießen Sie Ihren köstlichen Macchiato Gugelhupf!

65. Macchiato- Käsekuchen

ZUTATEN:
FÜR DIE KRUSTE:
- 1 ½ Tassen fein gehackte Nüsse
- 2 Esslöffel Zucker
- 3 Esslöffel geschmolzene Margarine

FÜR DEN KÄSEKUCHEN:
- 32 Unzen Frischkäse, weich
- 1 Tasse Zucker
- 3 Esslöffel ungebleichtes Allzweckmehl
- 4 große Eier
- 1 Tasse Sauerrahm
- 1 Esslöffel Instantkaffeegranulat
- ¼ Teelöffel Zimt
- ¼ Tasse kochendes Wasser

FÜR GARNIEREN:
- Schlagsahne
- Ganze Kaffeebohnen (optional)

ANWEISUNGEN:
FÜR DIE KRUSTE:
a) Die fein gehackten Nüsse, den Zucker und die geschmolzene Margarine in einer Schüssel vermischen. Drücken Sie diese Mischung auf den Boden einer 9-Zoll-Springform.
b) Backen Sie die Kruste 10 Minuten lang bei 165 °C (325 °F).

FÜR DEN KÄSEKUCHEN:
c) In einer großen Schüssel den weichen Frischkäse, den Zucker und das Mehl vermischen. Bei mittlerer Geschwindigkeit mit einem Elektromixer vermischen, bis alles gut vermischt ist.
d) Fügen Sie die Eier einzeln hinzu und vermischen Sie sie nach jeder Zugabe gut.
e) Sauerrahm unterrühren.
f) Lösen Sie das Instantkaffeegranulat und den Zimt in kochendem Wasser auf. Lassen Sie diese Mischung abkühlen und geben Sie sie dann nach und nach zur Frischkäsemischung hinzu. Mischen, bis alles gut vermischt ist.
g) Den Käsekuchenteig über den Boden gießen.
h) Backen Sie den Käsekuchen 10 Minuten lang bei 232 °C (450 °F).
i) Reduzieren Sie die Ofentemperatur auf 250 °F (121 °C) und backen Sie 1 Stunde lang weiter.
j) Lösen Sie den Kuchen vom Rand der Form und lassen Sie ihn abkühlen, bevor Sie den Rand entfernen.
k) Den Käsekuchen im Kühlschrank abkühlen lassen.

DIENEN:
l) Den gekühlten Käsekuchen nach Belieben mit Schlagsahne und ganzen Kaffeebohnen garnieren.
m) Genießen Sie Ihren köstlichen Macchiato-Käsekuchen mit reichhaltigem Kaffeegeschmack!

66. Macchiato-Mousse-Kuchen

ZUTATEN:
FÜR DEN KUCHENBODEN:
- 1 ½ Tassen zerkleinerte Schokoladenkekse oder Graham Cracker
- ⅓ Tasse geschmolzene Butter

FÜR DIE Macchiato-KAFFEE-MOUSSE:
- 2 Esslöffel Instantkaffee
- 2 Esslöffel Kristallzucker
- 2 Esslöffel heißes Wasser
- 2 Tassen Sahne, gekühlt
- ⅓ Tasse Puderzucker
- 1 Teelöffel Vanilleextrakt

FÜR DEN BElag:
- Schlagsahne
- Schokoladenraspeln oder Kakaopulver (zum Garnieren)

ANWEISUNGEN:

a) Mischen Sie in einer Schüssel die zerkleinerten Kekse oder Graham Cracker mit der geschmolzenen Butter, bis alles gut vermischt ist. Drücken Sie die Mischung auf den Boden einer mit Backpapier ausgelegten Springform, um den Kuchenboden zu formen. Stellen Sie es in den Kühlschrank, damit es fest wird, während Sie die Mousse zubereiten.

b) In einer Rührschüssel Instantkaffee, Kristallzucker und heißes Wasser vermischen. Schlagen Sie die Mischung mit einem Elektromixer oder Schneebesen auf hoher Geschwindigkeit, bis sie dick und schaumig wird. Beiseite legen.

c) In einer anderen Rührschüssel die gekühlte Sahne, den Puderzucker und den Vanilleextrakt schlagen, bis sich weiche Spitzen bilden.

d) Die Schlagsahne vorsichtig unter die Macchiato-Kaffeemischung heben, bis alles gut vermischt ist. Achten Sie darauf, nicht zu viel zu mischen, um die leichte und luftige Textur der Mousse zu erhalten.

e) Die Macchiato-Kaffee-Mousse-Mischung auf den vorbereiteten Kuchenboden in der Springform gießen. Glätten Sie die Oberseite mit einem Spatel.

f) Stellen Sie den Kuchen in den Kühlschrank und lassen Sie ihn mindestens 4 Stunden oder über Nacht abkühlen, damit er fest wird.

g) Sobald die Mousse fest geworden ist, nehmen Sie die Springform vorsichtig heraus. Die Oberseite mit Schlagsahne garnieren und mit Schokoladenraspeln bestreuen oder mit Kakaopulver bestäuben.

h) Den Macchiato-Kaffee-Mousse-Kuchen in Scheiben schneiden und gekühlt servieren. Genießen!

67.Karamell-Macchiato-Käsekuchen

ZUTATEN:
FÜR DEN KÄSEKUCHEN:
- 2 Tassen Graham-Cracker-Krümel
- 1/4 Tasse Butter, geschmolzen
- 1 Tasse + 1 Esslöffel Zucker
- 3 (8 oz.) Packungen Frischkäse, weich
- 3 Nature's Yoke-Eier
- 8 Unzen saure Sahne
- 1/4 Tasse gebrühter Espresso
- 2 TL Vanille
- Karamell-Eis-Topping

FÜR ESPRESSO-SCHLAGSCREME:
- 1 Tasse Schlagsahne
- 1/4 Tasse Puderzucker
- 1 1/2 Esslöffel gebrühter Espresso
- 1/2 Teelöffel Vanille

ANWEISUNGEN:
a) Heizen Sie den Ofen auf 350 °F vor. Bestreichen Sie eine 9-Zoll-Springform leicht mit Antihaft-Kochspray und wickeln Sie den Boden fest mit Folie ein.
b) Mischen Sie in einer Schüssel Graham-Cracker-Krümel, geschmolzene Butter und 1 Esslöffel Zucker, bis alles gut vermischt ist. Drücken Sie diese Mischung in den Boden und etwa 2,5 cm an den Seiten der vorbereiteten Springform. 8 Minuten backen, dann auf einem Kuchengitter abkühlen lassen.
c) Reduzieren Sie die Ofentemperatur auf 325 °F.
d) In einer großen Schüssel den Frischkäse mit einem Elektromixer schaumig schlagen. Fügen Sie nach und nach die restliche Tasse Zucker hinzu und schlagen Sie, bis alles gut vermischt ist.
e) Fügen Sie die Eier einzeln hinzu und schlagen Sie nach jeder Zugabe gut durch. Sauerrahm, Espresso und Vanille unterrühren. Den Teig in die gebackene und abgekühlte Kruste gießen.
f) Stellen Sie die Springform in eine größere Backform und geben Sie 2,5 cm heißes Wasser in die größere Backform. Den Käsekuchen im vorgeheizten Ofen 1 Stunde und 5 Minuten backen. Schalten Sie dann den Ofen aus, öffnen Sie die Tür teilweise und lassen Sie den Käsekuchen weitere 15 Minuten ruhen.
g) Nehmen Sie es aus dem Ofen, fahren Sie mit einem Messer über die Ränder und lassen Sie es auf einem Kuchengitter auf Raumtemperatur abkühlen. Decken Sie die Springform mit Frischhaltefolie ab und stellen Sie den Käsekuchen 8 Stunden lang in den Kühlschrank.

FÜR ESPRESSO-SCHLAGSCREME:
h) Die Schlagsahne in einer großen, gekühlten Schüssel mit einem Elektromixer auf höchster Stufe schlagen, bis sich weiche Spitzen bilden.
i) Den Puderzucker einstreuen und schlagen, bis sich steife Spitzen bilden. Espresso und Vanille mit einem Gummispatel unterheben. Vor dem Servieren die Sahne auf den Käsekuchen spritzen.

VOR DEM SERVIEREN DES KÄSEKUCHENS:
j) Den Käsekuchen mit Karamell-Topping beträufeln und Espresso-Schlagsahne auf den Käsekuchen spritzen. Genießen!
k) Genießen Sie die köstliche Kombination aus Karamell-Macchiato und Käsekuchen in diesem Dessert!

68. Macchiato- Pudding-Kuchen

ZUTATEN:
- 1 Tasse Allzweckmehl
- ⅔ Tasse Zucker
- 2 Esslöffel ungesüßter Kakao
- 2 Teelöffel Backpulver
- ¼ Teelöffel Salz
- ½ Tasse Kondensmilch
- 1 Teelöffel Pflanzenöl
- 1 Teelöffel Vanilleextrakt
- ¼ Tasse halbsüße Schokoladenstückchen
- 1 Tasse fest gepackter dunkelbrauner Zucker
- ¼ Tasse ungesüßter Kakao
- 1¾ Tassen heißes Wasser
- 2 Umschläge (je 0,77 oz) Instant-Macchiato-Kaffeemischung oder eine andere Instant-Kaffeemischung mit Geschmack
- ½ Tasse plus 1 Esslöffel gefrorener Vanillejoghurt

ANWEISUNGEN:

a) Heizen Sie Ihren Backofen auf 350 °F (175 °C) vor.

b) In einer quadratischen 9-Zoll-Backform die ersten fünf Zutaten (Allzweckmehl, Zucker, ungesüßter Kakao, Backpulver und Salz) vermischen und gut verrühren.

c) Die eingedampfte Magermilch, das Pflanzenöl und den Vanilleextrakt zu den trockenen Zutaten geben und rühren, bis die Mischung glatt wird. Die halbsüßen Schokoladenstückchen unterrühren.

d) Kombinieren Sie den dunkelbraunen Zucker und ¼ Tasse ungesüßten Kakao und streuen Sie diese Mischung dann gleichmäßig über den Teig in der Backform.

e) Kombinieren Sie in einem separaten Behälter das heiße Wasser und die Instant-Macchiato-Kaffeemischung und rühren Sie um, um die Kaffeemischung aufzulösen.

f) Gießen Sie die Kaffeemischung vorsichtig über den Teig in der Backform. Nicht umrühren; lass es so stehen, wie es ist.

g) Stellen Sie die Backform in den vorgeheizten Ofen und backen Sie sie 40 Minuten lang oder bis der Kuchen leicht zurückspringt, wenn Sie ihn in der Mitte berühren.

h) Nach dem Backen den Kuchen warm mit einer Kugel gefrorenem Vanillejoghurt servieren.

i) Genießen Sie Ihren köstlichen Macchiato-Pudding-Kuchen!

69. Macchiato- Chiffon-Kuchen

ZUTATEN:
FÜR DEN KUCHEN:
- 6 große Eier, getrennt
- ½ Tasse Kristallzucker
- ½ Tasse Pflanzenöl
- ½ Tasse Macchiato-Kaffee
- 1 Teelöffel Vanilleextrakt
- 1 ½ Tassen Kuchenmehl
- 2 Teelöffel Backpulver
- ¼ Teelöffel Salz

Für das Macchiato-Kaffee-Schlagsahne-Zuckerguss:
- 1 ½ Tassen Sahne, gekühlt
- ¼ Tasse Puderzucker
- ¼ Tasse Macchiato-Kaffee
- Kakaopulver (zum Bestäuben, optional)

ANWEISUNGEN:
a) Heizen Sie Ihren Backofen auf 325 °F (165 °C) vor. Eine Chiffon-Kuchenform einfetten und bemehlen.
b) In einer großen Rührschüssel Eigelb und Zucker verrühren, bis eine cremige und hellgelbe Masse entsteht.
c) Pflanzenöl, Macchiato-Kaffee und Vanilleextrakt zur Eigelbmischung geben. Gut mischen.
d) In einer separaten Schüssel Kuchenmehl, Backpulver und Salz verrühren.
e) Geben Sie nach und nach die trockenen Zutaten zu den feuchten Zutaten hinzu und verrühren Sie alles, bis alles gut vermischt ist. Achten Sie darauf, nicht zu viel zu mischen.
f) In einer anderen sauberen Schüssel das Eiweiß schlagen, bis sich weiche Spitzen bilden.
g) Das geschlagene Eiweiß vorsichtig unter den Teig heben, bis es gut eingearbeitet ist.
h) Den Teig in die vorbereitete Chiffon-Kuchenform gießen. Glätten Sie die Oberseite mit einem Spatel.
i) Im vorgeheizten Ofen etwa 45–50 Minuten backen oder bis ein Zahnstocher, der in die Mitte des Kuchens gesteckt wird, sauber herauskommt.
j) Nehmen Sie den Kuchen aus dem Ofen und lassen Sie ihn kopfüber in der Form abkühlen, damit er nicht zusammenfällt.
k) Sobald der Kuchen vollständig abgekühlt ist, nehmen Sie ihn vorsichtig aus der Form.
l) Für das Macchiato-Kaffee-Schlagsahne-Frosting die gekühlte Sahne und den Puderzucker schlagen, bis sich weiche Spitzen bilden. Den Macchiato-Kaffee dazugeben und weiter schlagen, bis sich steife Spitzen bilden.
m) Den abgekühlten Chiffon-Kuchen mit dem Macchiato-Kaffee-Schlagsahne-Zuckerguss bestreichen und dabei die Oberseite und die Seiten des Kuchens bedecken.
n) Optional: Für mehr Geschmack und Dekoration die Oberseite des Kuchens mit Kakaopulver bestäuben.
o) Den Macchiato-Kaffee-Chiffon-Kuchen in Scheiben schneiden und servieren. Genießen!

70. Macchiato- Brownie-Becher

ZUTATEN:
BROWNIE
- ¾ Tasse Kristallzucker
- ¾ Tasse Butter
- ½ Tasse brauner Zucker
- ½ Tasse ungesüßtes Kakaopulver
- 2 große Eier, leicht geschlagen
- 1 Teelöffel Vanille
- 1½ Tassen Allzweckmehl
- 2 Esslöffel Instantkaffeegranulat
- 1 Teelöffel Backpulver
- 1 Tasse Milch
- 1 Tasse Walnüsse oder Pekannüsse, fein gehackt

Schlagsahne-Topping:
- 1 Tasse Schlagsahne
- 2 Esslöffel gesiebter Puderzucker
- 1 Teelöffel Instantkaffeegranulat
- Zimt

ANWEISUNGEN:

a) In einer großen Pfanne Kristallzucker, Butter, braunen Zucker und Kakaopulver bei mittlerer Hitze unter ständigem Rühren erhitzen, bis die Butter schmilzt.

b) Nehmen Sie die Pfanne vom Herd. Fügen Sie die geschlagenen Eier und Vanille hinzu. Schlagen Sie die Mischung leicht mit einem Holzlöffel, bis sie gerade vermischt ist.

c) In einer separaten Schüssel Mehl, 2 Esslöffel Kaffeegranulat und Backpulver vermischen.

d) Abwechselnd Mehlmischung und Milch zur Kakaomischung geben und nach jeder Zugabe verrühren.

e) Die gehackten Walnüsse (oder Pekannüsse) unterrühren.

f) Den Brownie-Teig in eine leicht gefettete 33 x 23 x 5 cm große Backform gießen.

g) Im vorgeheizten Ofen bei 175 °C 25–30 Minuten backen oder bis ein Zahnstocher in der Nähe der Mitte sauber herauskommt.

h) Lassen Sie die Brownies mindestens zwei Stunden auf einem Kuchengitter abkühlen.

i) Schlagsahne, Puderzucker und 1 Teelöffel Kaffeegranulat in einer kleinen Schüssel schlagen, bis sich steife Spitzen bilden.

j) Schneiden Sie die abgekühlten Brownies mit einem Ausstecher oder dem Rand eines Trinkglases in 5 cm große Kreise.

k) Mit einem kleinen Teelöffel die Mitte der Brownie-Kreise auslöffeln, sodass Tassen entstehen.

l) Die Schlagsahne-Mischung in die Brownie-Förmchen spritzen oder löffeln.

m) Die Spitzen mit gemahlenem Zimt bestreuen.

n) Genießen Sie Ihre köstlichen Macchiato-Brownie-Cups mit einem Hauch Schlagsahne und Zimt obendrauf!

71. Macchiato-Käsekuchen-Torte

ZUTATEN:
FÜR DEN KUCHEN:
- 1 (10 Zoll) Tortenboden

FÜR DIE FÜLLUNG:
- 3 (8 oz) Packungen Frischkäse, weich
- 1 ¾ Tassen fest gepackter dunkelbrauner Zucker
- 4 Eier
- 2 Esslöffel starker Kaffee

FÜR DIE SOSSE:
- 1 Tasse fest gepackter dunkelbrauner Zucker
- 1 Tasse Schlagsahne
- ½ Tasse Butter
- ¼ Tasse starker Kaffee
- 2 Esslöffel Likör mit Kaffeegeschmack (oder starker Kaffee)
- 1 Tasse Pekannusshälften

ANWEISUNGEN:
a) Heizen Sie Ihren Backofen auf 350 °F (175 °C) vor.

FÜR DEN KUCHEN:
b) In einer großen Schüssel den weichen Frischkäse und 1 ¾ Tassen dunkelbraunen Zucker glatt rühren.
c) Die Eier dazugeben und verrühren, bis alles gut vermischt ist.
d) 2 Esslöffel starken Kaffee hinzufügen und gut verrühren.
e) Gießen Sie diese Frischkäsemischung in den Tortenboden.
f) Im vorgeheizten Ofen bei 350 °F 45–50 Minuten lang backen oder bis die Ränder fest und goldbraun sind (die Mitte scheint nicht fest zu sein).
g) Decken Sie den Rand der Kruste nach 15–20 Minuten Backzeit mit Alufolie ab, um eine übermäßige Bräunung zu vermeiden.
h) Lassen Sie den Kuchen nach dem Backen abkühlen und stellen Sie ihn dann etwa zwei Stunden lang in den Kühlschrank, bis er vollständig abgekühlt ist und die Mitte fest ist.

FÜR DIE SOSSE:
i) In einem mittelgroßen Topf alle Saucenzutaten außer den Pekannüssen vermischen.
j) Die Mischung bei mittlerer Hitze zum Kochen bringen und dabei gelegentlich umrühren.
k) Die Hitze reduzieren und 5 Minuten köcheln lassen, dabei gelegentlich umrühren.
l) 1 Tasse Pekannusshälften unterrühren.

DIENEN:
m) Gießen Sie die warme Soße über jede Portion des gekühlten Käsekuchenkuchens.
n) Nach Belieben mit Schlagsahne und weiteren Pekannusshälften garnieren.
o) Genießen Sie Ihren köstlichen Macchiato-Käsekuchenkuchen mit Pekannusssauce!

72. Macchiato- Mousse-Torte

ZUTATEN:
FÜR DIE KAFFEEBASIS FÜR DIE MOUSSE:
- 1¾ Teelöffel geschmacksneutrale Knox-Gelatine
- ½ Tasse kaltes Wasser, geteilt
- ½ Tasse 1 % Milch
- ½ Tasse plus 3 Esslöffel Kristallzucker, geteilt
- 3 Esslöffel Instant-Espressopulver oder normaler Instantkaffee
- 1 Teelöffel ungesüßter Kakao
- ⅛ Teelöffel Zimt
- Eine Prise Salz
- 2 Esslöffel Kaffeelikör (z. B. Kahlua)
- 1 Teelöffel Vanilleextrakt

FÜR DAS MERINGUE:
- ⅛ Teelöffel Weinstein
- 2 große Eiweiße, zimmerwarm

FÜR DIE SCHLAGSAHNE:
- ¼ Tasse Sahne, gekühlt

FÜR DIE SCHOKOLADENKRÜSELKRUSTE:
- Espressobohnen mit Schokoladenüberzug (optional)
- 25 Schokoladenwaffelkekse, zerbröckelt (ca. 1½ Tassen)
- 2 Esslöffel Raps- oder Distelöl
- 1 Esslöffel ungesalzene Butter, geschmolzen
- 1 Esslöffel Magermilch oder nach Bedarf
- ½ Teelöffel Zimt

SPEZIALAUSRÜSTUNG:
- 9-Zoll-Tortenplatte, Backpinsel, Zuckerthermometer (optional)

ANWEISUNGEN:
FÜR DIE SCHOKOLADENKRÜSELKRUSTE:
a) Die Kruste kann mehrere Stunden im Voraus zubereitet werden; Es muss mindestens 30 Minuten abkühlen, bevor es gefüllt wird. Der gefüllte Kuchen muss vor dem Servieren mindestens 3 Stunden oder über Nacht gekühlt werden.

KAFFEEBASIS FÜR DIE MOUSSE ZUBEREITEN:
b) In einem kleinen Topf die Gelatine über ¼ Tasse kaltes Wasser streuen und etwa 3 Minuten lang beiseite stellen, damit sie weich wird. Dann bei schwacher Hitze erhitzen und rühren, bis sich die Gelatine aufgelöst hat (nicht kochen). Vom Herd nehmen und Milch, 3 Esslöffel Zucker, Espresso- oder Kaffeepulver, Kakao, Zimt und Salz unterrühren.

c) Stellen Sie die Pfanne wieder auf niedrige Hitze und schlagen Sie etwa 3 Minuten lang, bis sich der Zucker aufgelöst hat. Vom Herd nehmen und Kaffeelikör und Vanille unterrühren. Gießen Sie die Mischung in eine große hitzebeständige Schüssel und stellen Sie sie bei Zimmertemperatur beiseite.

d) Bereiten Sie das Baiser vor: In einem 1½-Liter-Topf das restliche ¼ Tasse Wasser, den restlichen ½ Tasse Zucker und die Weinsteincreme verrühren. Stellen Sie es auf mittlere Hitze und kochen Sie es, indem Sie die Pfanne mehrmals leicht schwenken, bis sich der Zucker aufgelöst hat. Um die Kristallisation des Zuckers zu verhindern, waschen Sie die Seiten der Pfanne mit einem in kaltes Wasser getauchten Backpinsel ab.

e) Wenn Sie ein Bonbonthermometer haben, befestigen Sie es an der Pfanne. Erhöhen Sie die Hitze auf mittelhoch und kochen Sie ohne Rühren, bis das Thermometer 239 bis 242 Grad F anzeigt oder bis ein Tropfen Sirup eine weiche Kugel bildet, wenn er in Eiswasser getropft wird.

f) Während der Sirup kocht, beginnen Sie, das Eiweiß in einer mittelgroßen Schüssel zu schlagen: Schlagen Sie, bis sich mittelgroße Spitzen bilden.

g) Wenn der Sirup die angegebene Temperatur erreicht hat, nehmen Sie ihn vom Herd und gießen Sie ihn nach und nach über das Eiweiß, während Sie es bei mittlerer bis niedriger Geschwindigkeit aufschlagen. Gießen Sie den Sirup in einem gleichmäßigen Strahl zwischen den Seiten der Schüssel und den Rührbesen (kratzen Sie die verhärteten Stücke nicht von den Seiten hinein). Weiter schlagen, bis sich das Eiweiß abgekühlt anfühlt und steife Spitzen bildet (ca. 5 Minuten). Beiseite legen.

Bereiten Sie ein Eiswasserbad vor:

h) Füllen Sie eine große Schüssel mit Eis und Wasser. Stellen Sie die Schüssel mit der Kaffeebasis in das Eiswasserbad und rühren Sie, bis sie abkühlt und die Konsistenz von rohem Eiweiß erreicht.

i) Lassen Sie es nicht vollständig aushärten; Wenn es zu stark abkühlt und steif wird, legen Sie es über einen Topf mit heißem Wasser und rühren oder verquirlen Sie es kurz, bis es glatt und cremig ist (wie weicher Pudding).

j) Etwa 1 Tasse des abgekühlten Baisers in die Kaffeemischung einrühren, um sie aufzuhellen, dann den Rest des Baisers unterheben.

k) In einer sauberen mittelgroßen Schüssel mit sauberen Rührbesen die Sahne schlagen, bis sich weiche Spitzen bilden. Die Schlagsahne unter die Kaffee-Baiser-Mischung heben. Machen Sie sich keine Sorgen, wenn ein paar weiße Streifen zurückbleiben.

l) Die Mousse in die gekühlte Kruste verwandeln und die Oberseite glatt streichen. Mindestens 3 Stunden oder über Nacht im Kühlschrank lagern. Ordnen Sie nach Belieben kurz vor dem Servieren einen Ring aus mit Schokolade überzogenen Espressobohnen um den Rand der Torte an.

73. Macchiato-Sahne-Torte

ZUTATEN:
FÜR DIE KRUSTE
- 1 ½ Tassen Schokoladenkekskrümel
- ¼ Tasse Kristallzucker
- ½ Tasse ungesalzene Butter, geschmolzen

FÜR DIE FÜLLUNG:
- 2 Esslöffel Instantkaffeegranulat
- 2 Esslöffel heißes Wasser
- 1 (14 Unzen) Dose gesüßte Kondensmilch
- 1 (3,4-Unzen) Packung Instant-Vanillepudding-Mischung
- 1 ½ Tassen kalte Milch
- 1 Tasse Sahne, geschlagen
- Schokoladenraspeln oder Kakaopulver zum Garnieren (optional)

ANWEISUNGEN:
a) Heizen Sie Ihren Backofen auf 350 °F (175 °C) vor.
b) In einer Schüssel die Schokoladenkekskrümel, den Kristallzucker und die geschmolzene Butter vermischen. Drücken Sie diese Mischung in eine Kuchenform, um die Kruste zu formen.
c) Backen Sie die Kruste 8–10 Minuten lang und lassen Sie sie dann vollständig abkühlen.
d) In einer kleinen Schüssel das Instantkaffeegranulat in heißem Wasser auflösen und beiseite stellen.
e) In einer separaten Schüssel die gesüßte Kondensmilch, die Instant-Vanillepudding-Mischung und die kalte Milch gut verrühren.
f) Die aufgelöste Kaffeemischung einrühren.
g) Schlagsahne vorsichtig unterheben.
h) Gießen Sie die Kaffeefüllung in die abgekühlte Schokoladenkruste.
i) Mindestens 2 Stunden oder bis es fest ist im Kühlschrank lagern.
j) Vor dem Servieren mit Schokoladenraspeln oder Kakaopulver garnieren.

74. Macchiato- Brownie-Trifle

ZUTATEN:
- 1 Portion Ihrer Lieblings-Brownies, abgekühlt und in Würfel geschnitten
- 2 Tassen stark gebrühter Kaffee, abgekühlt
- ¼ Tasse Kaffeelikör (optional)
- 2 Tassen Schokoladenpudding
- 2 Tassen Schlagsahne
- Schokoladenraspeln und zerstoßene Kaffeebohnen zum Garnieren (optional)

ANWEISUNGEN:
a) In einer Schüssel den abgekühlten Kaffee und den Kaffeelikör (falls verwendet) vermischen.
b) In einer Trifle-Schale oder einzelnen Serviergläsern die Hälfte der Brownie-Würfel auf den Boden legen.
c) Die Hälfte der Kaffeemischung über die Brownies gießen.
d) Fügen Sie eine Schicht Schokoladenpudding hinzu, gefolgt von einer Schicht Schlagsahne.
e) Wiederholen Sie die Schichten mit den restlichen Brownie-Würfeln, der Kaffeemischung, dem Schokoladenpudding und der Schlagsahne.
f) Nach Belieben mit Schokoladenraspeln und zerstoßenen Kaffeebohnen garnieren.
g) Vor dem Servieren mindestens 2 Stunden im Kühlschrank lagern.

75. Karamell-Macchiato-Tiramisu-Parfaits

ZUTATEN:

- 4 Unzen. (1/2 von 8 Unzen Pkg.) Frischkäse, weich
- 1-1/2 Tassen kalte Milch
- 1 Pck. (3,4 oz.) Instant-Pudding mit Butterscotch-Geschmack
- 1 Wanne (8 oz.) Schlagsahne, aufgetaut, geteilt
- 1/2 Tasse heiß gebrühter starker Kaffee
- 1/4 Tasse Karamell-Eiscreme-Topping
- 1 Pck. (16 oz.) gefrorener Pfundkuchen, in 3/4-Zoll-Würfel geschnitten
- 1-1/2 oz. Halbsüße Schokolade, gerieben

ANWEISUNGEN:

a) In einer großen Schüssel den Frischkäse cremig schlagen. Nach und nach die Milch unterrühren. Die trockene Puddingmischung hinzufügen und 1 Minute lang schlagen. 2 Tassen COOL WHIP vorsichtig einrühren.

b) Mischen Sie den heißen Kaffee und das Karamell-Topping, bis eine Mischung entsteht. Die Hälfte der Kuchenwürfel in 10 Parfaitgläser geben; Mit der Hälfte der Kaffeemischung beträufeln.

c) Mit der Hälfte der Frischkäsemischung bedecken und mit 1/3 der geriebenen Schokolade bestreuen. Wiederholen Sie diese Schichten.

d) Mit dem restlichen COOL WHIP belegen und mit der restlichen Schokolade bestreuen. Mindestens 4 Stunden kühl stellen.

76.Macchiato -Schokoladen-Tarte

ZUTATEN:
FÜR DIE KRUSTE
- 1 ½ Tassen Schokoladenkekskrümel
- ¼ Tasse Kristallzucker
- ½ Tasse ungesalzene Butter, geschmolzen

FÜR DIE FÜLLUNG:
- 1 ½ Tassen Sahne
- 2 Esslöffel Instantkaffeegranulat
- 1 Esslöffel heißes Wasser
- 10 Unzen halbsüße Schokolade, gehackt
- 1 Teelöffel Vanilleextrakt
- Kakaopulver zum Bestäuben (optional)

ANWEISUNGEN:
a) Heizen Sie Ihren Backofen auf 350 °F (175 °C) vor.
b) In einer Schüssel die Schokoladenkekskrümel, den Kristallzucker und die geschmolzene Butter vermischen. Drücken Sie diese Mischung in eine Tarteform, um die Kruste zu formen.
c) Backen Sie die Kruste 8–10 Minuten lang und lassen Sie sie dann vollständig abkühlen.
d) In einem Topf die Sahne erhitzen, bis sie zu köcheln beginnt. Vom Herd nehmen.
e) Lösen Sie das Instantkaffee-Granulat in heißem Wasser auf und geben Sie es zur heißen Sahne.
f) Die gehackte Zartbitterschokolade zur Sahnemischung geben und verrühren, bis die Schokolade vollständig geschmolzen und glatt ist.
g) Den Vanilleextrakt einrühren.
h) Gießen Sie die Kaffee-Schokolade-Füllung in die abgekühlte Kruste.
i) Mindestens 2 Stunden oder bis es fest ist im Kühlschrank lagern.
j) Vor dem Servieren mit Kakaopulver bestäuben.

77. Latte Macchiato Panna Cotta

ZUTATEN:

- 7 Blatt weiße Gelatine
- 75g Kristallzucker
- 400 ml starker heißer Kaffee
- 400 ml Vollmilch
- 1 Dose Kondensmilch (397 ml)
- 4 Süße Süßigkeiten

ANWEISUNGEN:

a) 3 Gelatineblätter 5 Minuten in einer Schüssel mit kaltem Wasser einweichen. 50 g Zucker in 250 ml heißem Kaffee auflösen (den restlichen Kaffee abkühlen lassen). Drücken Sie die Gelatineblätter aus und lösen Sie sie im Kaffee auf. Teilen Sie die Kaffeemischung auf 6 schöne Gläser auf und lassen Sie sie 2 Stunden im Kühlschrank fest werden.

b) Vollmilch und Kondensmilch zusammen in einem Topf erhitzen, bis die Milchmischung fast kocht. Lassen Sie es abkühlen, während Sie die restlichen 4 Gelatineblätter 5 Minuten lang in einer Schüssel mit kaltem Wasser einweichen. Drücken Sie die Gelatineblätter aus, lösen Sie sie in der Milchmischung auf und lassen Sie die Mischung abkühlen, bis sie lauwarm ist.

c) Gießen Sie die Milchmischung über das Kaffeegelee in den Gläsern. Lassen Sie es mindestens 3 Stunden im Kühlschrank fest werden.

d) In der Zwischenzeit den restlichen Kaffee mit dem restlichen Zucker 5-10 Minuten köcheln lassen, bis ein Sirup entsteht. Lass es abkühlen.

e) Brechen Sie die Süßigkeiten mit einem Mörser und Stößel oder einem Nudelholz in unregelmäßige Stücke.

f) Nehmen Sie die Gläser aus dem Kühlschrank, beträufeln Sie sie mit etwas Kaffeesirup und bestreuen Sie sie mit den Butterbonbonstückchen.

78. Macchiato- Pudding-Tarte

ZUTATEN:
FÜR DIE KRUSTE
- 1 ½ Tassen Allzweckmehl
- ¼ Tasse Kristallzucker
- ½ Tasse ungesalzene Butter, kalt und gewürfelt
- 1 großes Eigelb
- 2 Esslöffel kaltes Wasser

FÜR DIE FÜLLUNG:
- 1 ½ Tassen Sahne
- 2 Esslöffel Instantkaffeegranulat
- 1 Esslöffel heißes Wasser
- ½ Tasse Kristallzucker
- 3 große Eier
- 1 Teelöffel Vanilleextrakt
- Gemahlener Zimt zum Bestäuben (optional)

ANWEISUNGEN:
a) Mehl und Kristallzucker in einer Küchenmaschine zerkleinern. Fügen Sie die kalte Butter hinzu und pulsieren Sie, bis die Mischung groben Krümeln ähnelt.

b) In einer kleinen Schüssel Eigelb und kaltes Wasser verquirlen. Geben Sie diese Mischung in die Küchenmaschine und zerkleinern Sie sie, bis der Teig zusammenkommt.

c) Formen Sie den Teig zu einer Scheibe, wickeln Sie ihn in Plastikfolie ein und stellen Sie ihn 30 Minuten lang in den Kühlschrank.

d) Heizen Sie Ihren Backofen auf 375 °F (190 °C) vor.

e) Den gekühlten Teig ausrollen und in eine Tarteform geben. Den überschüssigen Teig abschneiden.

f) In einer Schüssel das Instantkaffeegranulat in heißem Wasser auflösen und beiseite stellen.

g) In einer separaten Schüssel Kristallzucker, Eier und Vanilleextrakt verrühren.

h) Die aufgelöste Kaffeemischung einrühren.

i) Gießen Sie die Kaffeecremefüllung in den Tarteboden.

j) Im vorgeheizten Ofen 25–30 Minuten backen oder bis die Creme fest ist und die Kruste goldbraun ist.

k) Die Tarte abkühlen lassen und vor dem Servieren mit gemahlenem Zimt bestäuben.

79. Macchiato Creme Brûlée

ZUTATEN:
- 2 Tassen Sahne
- 2 Esslöffel Instantkaffeegranulat
- 4 große Eigelb
- ½ Tasse Kristallzucker
- 1 Teelöffel Vanilleextrakt
- Brauner Zucker zum Karamellisieren (ca. 2 Esslöffel pro Portion)

ANWEISUNGEN:
a) Heizen Sie Ihren Backofen auf 325 °F (160 °C) vor.
b) In einem Topf die Sahne bei mittlerer Hitze erhitzen, bis sie zu köcheln beginnt. Vom Herd nehmen.
c) Lösen Sie das Instantkaffeegranulat in der heißen Sahne auf und lassen Sie es einige Minuten ziehen.
d) In einer separaten Schüssel Eigelb, Kristallzucker und Vanilleextrakt verquirlen.
e) Gießen Sie die mit Kaffee angereicherte Sahne langsam unter ständigem Rühren in die Eimischung, um ein Gerinnen zu vermeiden.
f) Die Mischung durch ein feinmaschiges Sieb in einen großen Messbecher oder eine Schüssel abseihen.
g) Den Vanillepudding in Auflaufförmchen oder Servierschalen füllen.
h) Legen Sie die Auflaufförmchen in eine Auflaufform und geben Sie heißes Wasser in die Auflaufform, um ein Wasserbad zu erzeugen. Achten Sie dabei darauf, dass das Wasser bis zur Hälfte an den Rand der Auflaufförmchen reicht.
i) Im vorgeheizten Ofen 30–35 Minuten backen oder bis die Creme fest, aber in der Mitte noch leicht wackelig ist.
j) Aus dem Ofen nehmen und die Vanillepuddings auf Zimmertemperatur abkühlen lassen. Anschließend mindestens 2 Stunden kühl stellen.
k) Vor dem Servieren braunen Zucker gleichmäßig über die Vanillepuddings streuen und den Zucker mit einem Küchenbrenner karamellisieren.
l) Lassen Sie den karamellisierten Zucker vor dem Servieren abkühlen und aushärten.

80. Macchiato -Pudding

ZUTATEN:

- 2 Esslöffel Instantkaffee
- 2 Esslöffel Zucker
- 2 Esslöffel heißes Wasser
- 1 Packung (3,4 oz) Instant-Puddingmischung (Geschmack Ihrer Wahl)
- 2 Tassen kalte Milch

ANWEISUNGEN:

a) In einer Schüssel Instantkaffee, Zucker und heißes Wasser verrühren, bis eine dicke und schaumige Masse entsteht.
b) In einer separaten Schüssel den Instant-Pudding nach Packungsanleitung mit kalter Milch zubereiten.
c) Die Hälfte der geschlagenen Macchiato-Mischung vorsichtig unterheben.
d) Den Pudding in Schüsseln oder Gläser füllen.
e) Einige Stunden im Kühlschrank ruhen lassen, bis es fest ist.
f) Mit der restlichen Macchiato-Mischung servieren.

81. Macchiato-Karamell

ZUTATEN:

- 1 Tasse Kristallzucker
- 1 Tasse Sahne
- ¼ Tasse heller Maissirup
- ¼ Tasse ungesalzene Butter
- 1 Esslöffel Instantkaffeegranulat
- 1 Teelöffel Vanilleextrakt
- Meersalzflocken zum Bestreuen (optional)

ANWEISUNGEN:

a) Eine 20 x 20 cm große Backform mit Backpapier auslegen und leicht einfetten.
b) In einem Topf bei mittlerer bis hoher Hitze Zucker, Sahne, Maissirup, Butter und Instantkaffeegranulat vermischen.
c) Rühren, bis sich der Zucker aufgelöst hat, dann ein Zuckerthermometer einsetzen und ohne Rühren kochen, bis die Temperatur 245 °F (118 °C) erreicht.
d) Vom Herd nehmen, den Vanilleextrakt einrühren und das Karamell in die vorbereitete Pfanne gießen.
e) Einige Stunden oder bis es fest ist abkühlen lassen.
f) Nach Belieben mit Meersalzflocken bestreuen und in Karamell schneiden.

82. Macchiato -Toffee

ZUTATEN:
- 1 Tasse ungesalzene Butter
- 1 Tasse Kristallzucker
- 1 Esslöffel Instantkaffeegranulat
- ½ Teelöffel Salz
- 1 Tasse halbsüße Schokoladenstückchen
- ½ Tasse gehackte geröstete Mandeln

ANWEISUNGEN:
a) Ein Backblech mit Backpapier auslegen.
b) In einem Topf bei mittlerer Hitze Butter, Zucker, Instantkaffeegranulat und Salz schmelzen. Ständig umrühren.
c) Weiter kochen und rühren, bis die Mischung auf einem Zuckerthermometer 150 °C (300 °F) erreicht.
d) Gießen Sie das Toffee auf das vorbereitete Backblech.
e) Streuen Sie die halbsüßen Schokoladenstückchen gleichmäßig über das heiße Toffee. Lassen Sie sie eine Minute lang schmelzen und verteilen Sie dann die geschmolzene Schokolade mit einem Spatel.
f) Die gehackten gerösteten Mandeln über die Schokolade streuen.
g) Vollständig abkühlen lassen, dann das Macchiato-Toffee in Stücke brechen und genießen!

83. Macchiato- Reispudding

ZUTATEN:
- 1 Tasse Arborio-Reis
- 3 Tassen Vollmilch
- 1 Tasse Sahne
- ½ Tasse Kristallzucker
- 2 Esslöffel Instantkaffeegranulat
- 2 Esslöffel heißes Wasser
- 1 Teelöffel Vanilleextrakt
- Kakaopulver zum Garnieren (optional)

ANWEISUNGEN:

a) In einer kleinen Schüssel das Instantkaffeegranulat in heißem Wasser auflösen und beiseite stellen.

b) In einem großen Topf Arborio-Reis, Vollmilch, Sahne und Kristallzucker vermischen.

c) Bei mittlerer Hitze die Mischung leicht köcheln lassen und dabei häufig umrühren, um ein Anhaften zu verhindern.

d) Sobald die Mischung köchelt, reduzieren Sie die Hitze auf eine niedrige Stufe und kochen Sie unter gelegentlichem Rühren weiter, bis der Reis zart und die Mischung eingedickt ist (ca. 20–25 Minuten).

e) Die aufgelöste Kaffeemischung und den Vanilleextrakt einrühren.

f) Vom Herd nehmen und den Pudding etwas abkühlen lassen.

g) Warm oder gekühlt servieren, nach Wunsch mit einer Prise Kakaopulver garniert.

84. Pots de Creme mit Macchiato -Schokolade

ZUTATEN:

- 2 Tassen Sahne
- 3 Esslöffel Instantkaffeegranulat
- 8 Unzen halbsüße Schokolade, gehackt
- 4 große Eigelb
- ½ Tasse Kristallzucker
- 1 Teelöffel Vanilleextrakt
- Schlagsahne und Schokostückchen zum Garnieren (optional)

ANWEISUNGEN:

a) In einem Topf die Sahne bei mittlerer Hitze erhitzen, bis sie zu köcheln beginnt. Vom Herd nehmen.
b) Lösen Sie das Instantkaffeegranulat in der heißen Sahne auf und lassen Sie es einige Minuten ziehen.
c) Geben Sie die gehackte Zartbitterschokolade zur mit Kaffee angereicherten Sahne und rühren Sie, bis die Schokolade vollständig geschmolzen und die Mischung glatt ist.
d) In einer separaten Schüssel Eigelb, Kristallzucker und Vanilleextrakt verquirlen.
e) Gießen Sie die Schokoladenmischung langsam unter ständigem Rühren in die Eimischung.
f) Die Mischung durch ein feinmaschiges Sieb in einen großen Messbecher oder eine Schüssel abseihen.
g) Gießen Sie die Vanillesoße in einzelne Auflaufförmchen oder Servierschalen.
h) Mindestens 2 Stunden oder bis es fest ist im Kühlschrank lagern.
i) Vor dem Servieren nach Belieben mit Schlagsahne und Schokoladenstückchen garnieren.

85. Macchiato -Eis

ZUTATEN:

- 3 Eigelb
- 6 Unzen Muscovado-Zucker
- ½ Pint teilentrahmte Milch
- 1 Esslöffel Instantkaffee, aufgelöst in
- 2 Esslöffel kochendes Wasser hinzufügen und abkühlen lassen
- 4 Flüssigunzen Amaretto-Likör
- 4 Unzen Amaretti-Kekse, zerbröckelt
- 4 Unzen mit Schokolade überzogene Kaffeebohnen
- 1 Teelöffel Kakaopulver, plus etwas Kakaopulver zum Bestäuben
- 1 Teelöffel Vanilleessenz
- ¾ Pint Sahne
- Schokoladenlocken zur Dekoration

ANWEISUNGEN:

a) In einer hitzebeständigen Schüssel Eigelb, Zucker und Milch vermischen. Stellen Sie die Schüssel über einen Topf mit leicht siedendem Wasser.

b) Die Mischung etwa 5 Minuten lang verquirlen, bis sie blass und dick wird. Achten Sie darauf, dass die Vanillesoße nicht kocht. Lassen Sie die Creme abkühlen.

c) Den aufgelösten Instantkaffee, den Amaretto-Likör, die zerkrümelten Amaretti-Kekse, die mit Schokolade überzogenen Kaffeebohnen, das Kakaopulver und die Vanilleessenz in die abgekühlte Vanillesoße einrühren.

d) Schlagen Sie die Sahne auf, bis sich weiche Spitzen bilden.

e) Die Schlagsahne vorsichtig unter die Vanillepuddingmischung heben.

f) Füllen Sie die Mischung in einen stabilen Plastikbehälter und stellen Sie ihn für eine Stunde in den Gefrierschrank.

g) Nehmen Sie den Behälter nach einer Stunde aus dem Gefrierschrank und schlagen Sie die Mischung gut durch, um eventuelle Eiskristalle aufzubrechen.

h) Stellen Sie den Behälter für eine weitere Stunde in den Gefrierschrank und schlagen Sie die Mischung dann erneut auf.

i) Die Mischung einfrieren, bis die gewünschte Konsistenz erreicht ist.

j) Nehmen Sie das Macchiato-Eis etwa 15 Minuten vor dem Servieren aus dem Gefrierschrank, damit es etwas weicher wird.

k) Das Eis in Schüsseln füllen, mit Kakaopulver bestäuben und mit Schokostückchen garnieren.

l) Genießen Sie Ihr hausgemachtes Macchiato-Eis!

86. Macchiato- Apfel-Crisp

ZUTATEN:
- 6 Tassen geschnittene und geschälte Äpfel (z. B. Granny Smith)
- 2 Esslöffel Instantkaffeegranulat
- ½ Tasse Kristallzucker
- 1 Teelöffel gemahlener Zimt
- ½ Teelöffel gemahlene Muskatnuss
- 1 Tasse altmodische Haferflocken
- ½ Tasse Allzweckmehl
- ½ Tasse brauner Zucker
- ½ Tasse ungesalzene Butter, kalt und gewürfelt

ANWEISUNGEN:

a) Heizen Sie Ihren Backofen auf 350 °F (175 °C) vor und fetten Sie eine 9 x 13 Zoll große Auflaufform ein.

b) Das Instantkaffee-Granulat in 2 EL heißem Wasser auflösen und beiseite stellen.

c) In einer großen Schüssel die geschnittenen Äpfel und die aufgelöste Kaffeemischung vermengen. Zum Überziehen wenden.

d) In einer separaten Schüssel Kristallzucker, gemahlenen Zimt und gemahlene Muskatnuss vermischen. Diese Mischung über die Äpfel streuen und verrühren.

e) Übertragen Sie die Apfelmischung in die vorbereitete Auflaufform.

f) Kombinieren Sie in einer Schüssel die altmodischen Haferflocken, Allzweckmehl, braunen Zucker und kalte Butterwürfel. Mischen, bis es krümelig ist.

g) Streuen Sie die Hafermischung gleichmäßig über die Äpfel.

h) 40–45 Minuten backen oder bis der Belag goldbraun ist und die Äpfel zart sind.

i) Vor dem Servieren etwas abkühlen lassen. Genießen Sie Ihren Macchiato-Apfel-Crisp!

87. Macchiato- Pfirsich-Cobbler

ZUTATEN:

- 4 Tassen geschnittene geschälte Pfirsiche (frisch oder aus der Dose)
- 2 Esslöffel Instantkaffeegranulat
- 1 Tasse Allzweckmehl
- 1 Tasse Kristallzucker
- 1 Esslöffel Backpulver
- ½ Teelöffel Salz
- 1 Tasse Vollmilch
- ½ Tasse ungesalzene Butter, geschmolzen
- 1 Teelöffel Vanilleextrakt

ANWEISUNGEN:

a) Heizen Sie Ihren Backofen auf 175 °C (350 °F) vor und fetten Sie eine 9 x 9 Zoll große Auflaufform ein.

b) Das Instantkaffee-Granulat in 2 EL heißem Wasser auflösen und beiseite stellen.

c) In einer Rührschüssel Mehl, Kristallzucker, Backpulver und Salz vermischen.

d) Den aufgelösten Kaffee, die Milch, die geschmolzene Butter und den Vanilleextrakt einrühren, bis alles gut vermischt ist.

e) Den Teig in die gefettete Auflaufform füllen.

f) Die geschnittenen Pfirsiche gleichmäßig auf dem Teig verteilen.

g) 45–50 Minuten backen oder bis der Cobbler goldbraun ist und ein in die Mitte gesteckter Zahnstocher sauber herauskommt.

h) Vor dem Servieren etwas abkühlen lassen. Nach Belieben mit einer Kugel Vanilleeis servieren.

88. Macchiato-Blaubeer-Crisp

ZUTATEN:

- 4 Tassen frische oder gefrorene Blaubeeren
- 2 Esslöffel Instantkaffeegranulat
- ½ Tasse Kristallzucker
- 1 Tasse altmodische Haferflocken
- ½ Tasse Allzweckmehl
- ½ Tasse brauner Zucker
- ½ Tasse ungesalzene Butter, kalt und gewürfelt
- ½ Teelöffel gemahlener Zimt
- Eine Prise Salz

ANWEISUNGEN:

a) Heizen Sie Ihren Backofen auf 175 °C (350 °F) vor und fetten Sie eine 9 x 9 Zoll große Auflaufform ein.

b) Das Instantkaffee-Granulat in 2 EL heißem Wasser auflösen und beiseite stellen.

c) In einer großen Schüssel die Blaubeeren und die aufgelöste Kaffeemischung vermischen. Zum Überziehen wenden.

d) In einer separaten Schüssel Kristallzucker, gemahlenen Zimt und eine Prise Salz vermischen. Diese Mischung über die Blaubeeren streuen und verrühren.

e) Übertragen Sie die Blaubeermischung in die vorbereitete Auflaufform.

f) Kombinieren Sie in einer Schüssel die altmodischen Haferflocken, Allzweckmehl, braunen Zucker und kalte Butterwürfel. Mischen, bis es krümelig ist.

g) Streuen Sie die Hafermischung gleichmäßig über die Blaubeeren.

h) 35–40 Minuten backen oder bis der Belag goldbraun ist und die Blaubeeren Blasen bilden.

i) Vor dem Servieren etwas abkühlen lassen. Genießen Sie Ihren Macchiato Blaubeer-Crisp!

89. Macchiato-Kirsch-Cobbler

ZUTATEN:
- 4 Tassen entkernte Kirschen (frisch oder gefroren)
- 2 Esslöffel Instantkaffeegranulat
- 1 Tasse Allzweckmehl
- 1 Tasse Kristallzucker
- 1 Esslöffel Backpulver
- ½ Teelöffel Salz
- 1 Tasse Vollmilch
- ½ Tasse ungesalzene Butter, geschmolzen
- 1 Teelöffel Vanilleextrakt

ANWEISUNGEN:
a) Heizen Sie Ihren Backofen auf 175 °C (350 °F) vor und fetten Sie eine 9 x 9 Zoll große Auflaufform ein.
b) Das Instantkaffee-Granulat in 2 EL heißem Wasser auflösen und beiseite stellen.
c) In einer Rührschüssel Mehl, Kristallzucker, Backpulver und Salz vermischen.
d) Den aufgelösten Kaffee, die Milch, die geschmolzene Butter und den Vanilleextrakt einrühren, bis alles gut vermischt ist.
e) Den Teig in die gefettete Auflaufform füllen.
f) Die entkernten Kirschen gleichmäßig auf dem Teig verteilen.
g) 45–50 Minuten backen oder bis der Cobbler goldbraun ist und ein in die Mitte gesteckter Zahnstocher sauber herauskommt.
h) Vor dem Servieren etwas abkühlen lassen. Nach Belieben mit Schlagsahne oder Vanilleeis servieren.

90.Macchiato Granita

ZUTATEN:

- 1 ¼ Tassen kalt gebrühter Espresso
- ¼ Tasse Vollmilch (oder Magermilch, falls gewünscht)
- ¼ Tasse Zucker
- 3 Esslöffel Campari
- ⅛ Teelöffel Salz

ANWEISUNGEN:
FÜR DEN EINFACHEN SIRUP:
a) In einem kleinen Topf gleiche Teile Zucker und Wasser zu einem einfachen Sirup vermischen. Bringen Sie es zum Kochen und lassen Sie es dann abkühlen, bevor Sie es verwenden.

FÜR DIE Macchiato-GRANITA:
b) Kombinieren Sie in einer quadratischen 9-Zoll-Metallpfanne 1 ¼ Tasse kalt gebrühten Espresso, ¼ Tasse Milch und ¼ Tasse einfachen Sirup. Zum Kombinieren umrühren.

c) Stellen Sie die offene Pfanne in den Gefrierschrank und frieren Sie sie ein, bis sie fest wird.

d) Nach etwa 30 Minuten im Gefrierschrank sollten sich an den Seiten und am Boden der Pfanne Eiskristalle bilden.

e) Benutzen Sie eine Gabel, um die Mischung vorsichtig zu harken, bis die gefrorenen und nicht gefrorenen Elemente gleichmäßig vermischt sind. Brechen Sie alle großen Klumpen auf, die sich bilden, aber achten Sie darauf, dass sie nicht zu Matsch werden.

Servieren der Macchiato Granita:

f) Servieren Sie die Granita in einem Martiniglas.

g) Optional mit geraspelter Schokolade und Keksen belegen, um ihm mehr Geschmack und Konsistenz zu verleihen.

So bereiten Sie ein prickelndes Getränk zu:

h) Füllen Sie ein hohes Glas mit der Macchiato-Granita.

i) Füllen Sie es mit Selters oder Mineralwasser auf, um eine erfrischende und prickelnde Note zu erhalten.

j) Genießen Sie Ihren köstlichen Macchiato Granita!

91. Macchiato -Tiramisu

ZUTATEN:
- 2 Esslöffel Instantkaffee
- 2 Esslöffel Zucker
- 2 Esslöffel heißes Wasser
- Frauenfinger
- 1 Tasse Mascarpone-Käse
- ¼ Tasse Puderzucker
- Kakaopulver zum Bestäuben

ANWEISUNGEN:

a) In einer Schüssel Instantkaffee, Zucker und heißes Wasser verrühren, bis eine dicke und schaumige Masse entsteht.

b) Löffelbiskuits in aufgebrühten Kaffee tauchen und auf einer Servierplatte anrichten.

c) In einer separaten Schüssel Mascarpone-Käse und Puderzucker glatt rühren.

d) Die Hälfte der aufgeschlagenen Macchiato-Mischung unter die Mascarpone-Mischung heben.

e) Die Mascarpone-Mischung auf den Löffelbiskuits verteilen.

f) Wiederholen Sie die Schichten und bestäuben Sie den Teig mit etwas Kakaopulver.

g) Vor dem Servieren einige Stunden im Kühlschrank lagern.

92. Macchiato -Eis

ZUTATEN:
- 2 Esslöffel Instantkaffee
- 2 Esslöffel Zucker
- 2 Esslöffel heißes Wasser
- 1 Tasse Sahne
- ½ Tasse Kondensmilch

ANWEISUNGEN:

a) In einer Schüssel Instantkaffee, Zucker und heißes Wasser verrühren, bis eine dicke und schaumige Masse entsteht.

b) In einer separaten Schüssel die Sahne schlagen, bis sich steife Spitzen bilden.

c) Die Hälfte der geschlagenen Macchiato-Mischung vorsichtig unterheben.

d) Die Kondensmilch unterheben, bis alles gut vermischt ist.

e) Geben Sie die Mischung in einen Behälter mit Deckel und gefrieren Sie sie mindestens 6 Stunden lang oder bis sie fest ist.

f) Mit einem Klecks der restlichen Macchiato-Mischung darüber servieren.

93. Macchiato Bobamisu

ZUTATEN:
- 2 Esslöffel Instantkaffee
- 2 Esslöffel Kristallzucker
- 2 Esslöffel heißes Wasser
- 1 Tasse Sahne
- ½ Tasse Puderzucker
- 1 Teelöffel Vanilleextrakt
- 1 Tasse Milch
- ¼ Tasse Kaffeelikör (optional)
- Löffelbiskuits oder Biskuitkuchen
- ¼ Tasse Boba-Perlen, gekocht und abgekühlt
- Kakaopulver zum Bestäuben

ANWEISUNGEN:
a) In einer Rührschüssel Instantkaffee, Kristallzucker und heißes Wasser vermischen.
b) Schlagen Sie die Mischung mit einem Elektromixer oder Schneebesen auf hoher Geschwindigkeit, bis sie dick und schaumig wird. Dies dauert normalerweise etwa 2-3 Minuten. Beiseite legen.
c) In einer anderen Rührschüssel Sahne, Puderzucker und Vanilleextrakt schlagen, bis sich weiche Spitzen bilden.
d) Die Hälfte der geschlagenen Kaffeemischung vorsichtig unter die Schlagsahne heben, bis alles gut vermischt ist. Die restliche Hälfte zum Garnieren aufbewahren.
e) In einer flachen Schüssel Milch und Kaffeelikör (falls verwendet) vermischen. Tauchen Sie die Löffelbiskuits oder den Biskuitteig kurz in die Milchmischung und achten Sie darauf, dass sie gleichmäßig bedeckt, aber nicht durchnässt sind.
f) Legen Sie eine Schicht eingeweichter Löffelbiskuits oder Biskuitteig auf den Boden einer Servierschüssel oder einzelner Gläser.
g) Eine Schicht der Schlagsahnemischung mit Kaffeegeschmack über die Löffelbiskuits oder den Biskuitkuchen geben.
h) Eine Schicht gekochte Boba-Perlen über die Schlagsahnemischung geben.
i) Wiederholen Sie die Schichten mit eingeweichten Löffelbiskuits oder Biskuitteig, Schlagsahne mit Kaffeegeschmack und Boba-Perlen, bis alle Zutaten aufgebraucht sind, und schließen Sie mit einer Schicht Schlagsahne ab.
j) Die Oberseite mit Kakaopulver bestäuben.
k) Stellen Sie das Macchiato Bobamisu mindestens 4 Stunden oder über Nacht in den Kühlschrank, damit sich die Aromen vermischen und das Dessert fest wird.
l) Vor dem Servieren die aufgeschlagene Kaffeemischung darauf verteilen.
m) Optional mit zusätzlichen Boba-Perlen oder einer Prise Kakaopulver garnieren.
n) Kühl servieren und Ihr köstliches Macchiato Bobamisu genießen!

94. Macchiato- Kaffee-Eis am Stiel

ZUTATEN:
- 2 Esslöffel Instantkaffee
- 2 Esslöffel Kristallzucker
- 2 Esslöffel heißes Wasser
- 1 Tasse Milch (jede Sorte)
- ½ Tasse Sahne
- ¼ Tasse gesüßte Kondensmilch
- Formen für Eis am Stiel
- Eis am Stiel

ANWEISUNGEN:
a) In einer Rührschüssel Instantkaffee, Kristallzucker und heißes Wasser vermischen.
b) Schlagen Sie die Mischung mit einem Elektromixer oder Schneebesen auf hoher Geschwindigkeit, bis sie dick und schaumig wird. Dies dauert normalerweise etwa 2-3 Minuten.
c) In einer separaten Schüssel Milch, Sahne und gesüßte Kondensmilch gut verrühren.
d) Geben Sie die Macchiato-Kaffeemischung in die Milchmischung und heben Sie sie vorsichtig unter, bis sie gleichmäßig eingearbeitet ist. Die Mischung wird ein marmoriertes Aussehen haben.
e) Gießen Sie die Mischung in Eis am Stiel-Formen und lassen Sie oben etwas Platz zum Ausdehnen.
f) Eisstiele in die Formen stecken.
g) Legen Sie die Eis am Stiel-Formen in den Gefrierschrank und lassen Sie sie mindestens 6 Stunden lang oder bis sie fest sind, einfrieren.
h) Sobald das Eis am Stiel gefroren ist, entfernen Sie es aus den Formen, indem Sie die Formen kurz unter warmes Wasser halten, um das Eis am Stiel zu lösen.
i) Servieren und genießen Sie die Macchiato Coffee Popsicles!

95. Macchiato japanischer Baumwollkäsekuchen

ZUTATEN:
FÜR DEN KÄSEKUCHEN-TEIG:
- 4 Unzen Frischkäse, weich
- ¼ Tasse Kristallzucker
- ¼ Tasse Milch
- 2 Esslöffel Allzweckmehl
- 2 Esslöffel Maisstärke
- 2 Esslöffel ungesalzene Butter, geschmolzen
- 4 Eigelb
- 1 Teelöffel Vanilleextrakt

FÜR DEN Macchiato-KAFFEESCHAUM:
- 2 Esslöffel Instantkaffee
- 2 Esslöffel Kristallzucker
- 2 Esslöffel heißes Wasser

FÜR DAS MERINGUE:
- 4 Eiweiß
- ¼ Tasse Kristallzucker

ANWEISUNGEN:

a) Heizen Sie Ihren Backofen auf 325 °F (165 °C) vor. Den Boden einer runden Kuchenform einfetten und mit Backpapier auslegen.

b) In einer Rührschüssel Frischkäse und Kristallzucker glatt und cremig schlagen.

c) Fügen Sie der Frischkäsemischung Milch, Allzweckmehl, Maisstärke, geschmolzene Butter, Eigelb und Vanilleextrakt hinzu. Schlagen, bis alles gut vermischt und glatt ist.

d) Bereiten Sie in einer separaten Schüssel den Macchiato-Kaffeeschaum zu. Kombinieren Sie Instantkaffee, Kristallzucker und heißes Wasser. Schlagen Sie die Mischung mit einem Elektromixer oder Schneebesen auf hoher Geschwindigkeit, bis sie dick und schaumig wird.

e) Den Macchiato-Kaffeeschaum vorsichtig unter den Käsekuchenteig heben, bis er gleichmäßig eingearbeitet ist.

f) In einer anderen sauberen Rührschüssel das Eiweiß schaumig schlagen. Den Kristallzucker nach und nach hinzufügen und dabei weiter schlagen, bis sich steife Spitzen bilden.

g) Nehmen Sie etwa ⅓ des Baisers und heben Sie es unter den Käsekuchenteig, um die Masse aufzuhellen.

h) Das restliche Baiser nach und nach unter den Teig heben, dabei darauf achten, dass die Luft nicht entweicht.

i) Den Teig in die vorbereitete Kuchenform füllen und mit einem Spatel glatt streichen.

j) Stellen Sie die Kuchenform in eine größere Auflaufform oder einen Bräter. Füllen Sie den größeren Topf mit heißem Wasser, sodass ein Wasserbad entsteht.

k) Backen Sie den Käsekuchen im Wasserbad etwa 60–70 Minuten lang oder bis die Oberseite goldbraun und die Mitte fest ist.

l) Den Käsekuchen aus dem Ofen nehmen und etwa 10 Minuten in der Form abkühlen lassen. Übertragen Sie es dann auf einen Rost, um es vollständig abzukühlen.

m) Sobald der Käsekuchen abgekühlt ist, stellen Sie ihn mindestens 4 Stunden oder über Nacht in den Kühlschrank, damit er fest wird.

n) Optional: Dekorieren Sie die Oberseite des Käsekuchens mit einer Prise Kakaopulver oder Puderzucker oder mit einem Klecks Macchiato-Kaffeeschaum.

o) Schneiden Sie den Macchiato Coffee Japanese Cheesecake in Scheiben und servieren Sie ihn gekühlt. Genießen!

96. Macchiato-Sorbet

ZUTATEN:
- 2 Esslöffel Instantkaffee
- 2 Esslöffel Zucker
- ¼ Tasse heißes Wasser
- 2 Tassen Eiswürfel
- 1 Esslöffel Zitronensaft (optional, für zusätzliche Würze)
- Frische Minzblätter (zum Garnieren)

ANWEISUNGEN:
a) In einer Rührschüssel Instantkaffee, Zucker und heißes Wasser vermischen.
b) Schlagen Sie die Kaffeemischung mit einem elektrischen Handmixer oder Schneebesen auf, bis sie dick, schaumig und hellbraun ist. Das Rühren kann einige Minuten dauern.
c) Geben Sie die Eiswürfel in einen Mixer oder eine Küchenmaschine und zerkleinern Sie sie, bis sie klein und matschig sind.
d) Geben Sie die geschlagene Kaffeemischung mit dem zerstoßenen Eis in den Mixer.
e) Optional: Für einen besonders würzigen Geschmack den Zitronensaft hinzufügen. Dieser Schritt empfiehlt sich besonders, wenn Sie eine Zitrusnote in Ihrem Sorbet genießen möchten.
f) Mischen Sie die Mischung, bis eine glatte und matschige Konsistenz erreicht ist.
g) Gießen Sie das Macchiato-Sorbet in einen flachen Behälter oder einzelne Servierschalen.
h) Stellen Sie den/die Behälter für etwa 1–2 Stunden in den Gefrierschrank, oder bis das Sorbet fest ist.
i) Sobald das Sorbet fest ist, nehmen Sie es aus dem Gefrierschrank und lassen Sie es vor dem Servieren einige Minuten bei Raumtemperatur stehen, damit es etwas weicher wird.
j) Garnieren Sie jede Portion mit frischen Minzblättern für einen Hauch von Farbe und Geschmack.

97.Macchiato-Tarte

ZUTATEN:
FÜR DIE KRUSTE:
- 2 Tassen Graham-Cracker-Krümel
- ½ Tasse geschmolzene Butter
- ¼ Tasse Kristallzucker

FÜR DIE FÜLLUNG:
- 1 Tasse Sahne
- ¼ Tasse Puderzucker
- 1 Teelöffel Vanilleextrakt
- ¼ Tasse Macchiato-Kaffeemischung

FÜR DEN BElag:
- Schlagsahne
- Kakaopulver oder Schokoladenraspeln (optional)

ANWEISUNGEN:
a) Heizen Sie Ihren Backofen auf 350 °F (175 °C) vor.
b) In einer Schüssel die Graham-Cracker-Krümel, die geschmolzene Butter und den Kristallzucker für die Kruste vermischen. Mischen, bis die Krümel gut bedeckt sind.
c) Drücken Sie die Mischung auf den Boden und die Seiten einer Tarteform und achten Sie darauf, dass eine gleichmäßige Schicht entsteht.
d) Backen Sie die Kruste im vorgeheizten Ofen etwa 10 Minuten lang oder bis sie goldbraun ist. Aus dem Ofen nehmen und vollständig abkühlen lassen.
e) In einer Rührschüssel Sahne, Puderzucker und Vanilleextrakt für die Füllung vermischen. Schlagen Sie die Mischung, bis sich steife Spitzen bilden.
f) Die Macchiato-Kaffeemischung vorsichtig unterheben, bis alles gut vermischt ist.
g) Die Füllung auf den abgekühlten Boden gießen und gleichmäßig verteilen.
h) Stellen Sie die Tarte in den Kühlschrank und lassen Sie sie mindestens 2 Stunden lang abkühlen, oder bis die Füllung fest ist.
i) Sobald die Tarte abgekühlt ist, nehmen Sie sie aus dem Kühlschrank. Die Oberseite mit Schlagsahne verzieren und nach Belieben mit Kakaopulver oder Schokoladenraspeln bestreuen.
j) Schneiden Sie die Macchiato-Tarte in Scheiben und servieren Sie sie als köstliches Dessert.

98. Macchiato Affogato

ZUTATEN:
- 2 Esslöffel Instantkaffee
- 2 Esslöffel Kristallzucker
- 2 Esslöffel heißes Wasser
- Vanille-Eiscreme
- 1 Tasse heiß gebrühter Espresso oder starker Kaffee
- Kakaopulver oder Schokoladenraspeln zum Garnieren (optional)

ANWEISUNGEN:

a) In einer Rührschüssel Instantkaffee, Kristallzucker und heißes Wasser vermischen.

b) Schlagen Sie die Mischung mit einem Elektromixer oder Schneebesen, bis eine dicke, cremige Masse mit steifen Spitzen entsteht. Das ist Ihre Macchiato-Kaffeemischung.

c) Geben Sie eine großzügige Menge Vanilleeis in Serviergläser oder Schüsseln.

d) Gießen Sie heißen Espresso oder starken Kaffee über das Eis und füllen Sie die Gläser etwa zu ⅔.

e) Geben Sie einen Klecks Macchiato-Kaffeemischung auf jedes Glas und lassen Sie es schwimmen.

f) Optional: Bestäuben Sie den Macchiato Affogato mit Kakaopulver oder streuen Sie Schokoladenspäne darüber, um ihm mehr Geschmack und Präsentation zu verleihen.

g) Sofort servieren und die Kombination aus cremigem Vanilleeis, starkem Kaffee und lockerem Macchiato-Kaffee-Topping genießen.

99.Macarons mit Macchiato-Füllung

ZUTATEN:
FÜR DIE MACARON-SCHALEN:
- 1 Tasse Mandelmehl
- 1 ¾ Tassen Puderzucker
- 3 große Eiweiße, zimmerwarm
- ¼ Tasse Kristallzucker
- Lebensmittelfarbe (optional)

FÜR DIE Macchiato-KAFFEE-FÜLLUNG:
- 2 Esslöffel Instantkaffee
- 2 Esslöffel Kristallzucker
- 2 Esslöffel heißes Wasser
- 1 Tasse Sahne

ANWEISUNGEN:
a) In einer Schüssel Mandelmehl und Puderzucker vermischen, um etwaige Klümpchen zu entfernen. Beiseite legen.

b) In einer separaten Rührschüssel das Eiweiß bei niedriger Geschwindigkeit schaumig schlagen. Erhöhen Sie die Geschwindigkeit schrittweise auf mittelhoch und schlagen Sie weiter, bis sich weiche Spitzen bilden.

c) Den Kristallzucker nach und nach unter Rühren zum Eiweiß geben. Weiter schlagen, bis sich steife Spitzen bilden und die Mischung glänzt. Falls gewünscht, ein paar Tropfen Lebensmittelfarbe hinzufügen und weiterrühren, bis eine gleichmäßige Farbe entsteht.

d) Die Mandelmehl-Puderzucker-Mischung mit einem Spatel vorsichtig unter die Eiweißmischung heben. Weiter falten, bis der Teig glatt ist und eine bandartige Konsistenz hat.

e) Geben Sie den Macaron-Teig in einen Spritzbeutel mit runder Spitze. Kleine Kreise auf ein mit Backpapier ausgelegtes Backblech spritzen. Lassen Sie zwischen den einzelnen Macaron-Schalen etwas Platz, da sie sich sonst leicht ausbreiten.

f) Klopfen Sie das Backblech ein paar Mal auf die Arbeitsfläche, um eventuelle Luftblasen zu entfernen. Lassen Sie die Macaron-Schalen etwa 30 Minuten bis eine Stunde bei Zimmertemperatur ruhen, bis sich auf der Oberfläche eine Haut bildet. Dies wird ihnen helfen, die charakteristischen Macaron-„Füße" zu formen.

g) Während die Macarons ruhen, heizen Sie Ihren Backofen auf 300 °F (150 °C) vor.

h) Sobald die Macaron-Schalen eine Haut entwickelt haben, backen Sie sie im vorgeheizten Ofen etwa 15–18 Minuten lang oder bis sie fest sind und sich fest anfühlen. Aus dem Ofen nehmen und auf dem Backblech vollständig abkühlen lassen.

i) In der Zwischenzeit die Macchiato-Kaffeefüllung zubereiten. In einer Rührschüssel Instantkaffee, Kristallzucker und heißes Wasser verrühren, bis eine dicke und cremige Masse entsteht. Beiseite legen.

j) Schlagen Sie die Sahne in einer separaten Schüssel auf, bis sie eine dicke Konsistenz erreicht und steife Spitzen bildet.

k) Die Macchiato-Kaffeemischung vorsichtig unter die Schlagsahne heben, bis alles gut vermischt ist.

l) Geben Sie die Macchiato-Kaffeefüllung in einen Spritzbeutel mit runder Spitze.

m) Ordnen Sie die abgekühlten Macaron-Schalen nach Größe und Form zu. Geben Sie einen Klecks der Macchiato-Kaffeefüllung auf die flache Seite einer Macaron-Schale und legen Sie sie zusammen mit einer anderen Schale.

n) Wiederholen Sie diesen Vorgang mit den restlichen Macaron-Schalen.

o) Legen Sie die gefüllten Macarons in einen luftdichten Behälter und stellen Sie sie mindestens 24 Stunden lang in den Kühlschrank, damit sich die Aromen vermischen und die Macarons reifen können.

p) Lassen Sie die Macarons vor dem Servieren einige Minuten bei Zimmertemperatur ruhen, damit sie etwas weicher werden.

100. Macchiato Panna Cotta

ZUTATEN:
- 2 Tassen Sahne
- ½ Tasse Kristallzucker
- 2 Teelöffel Vanilleextrakt
- 2 Esslöffel Macchiato-Kaffeemischung
- 2 Esslöffel Wasser
- 2 Teelöffel Gelatinepulver

ANWEISUNGEN:
a) In einem Topf die Sahne und den Kristallzucker vermischen. Bei mittlerer Hitze unter gelegentlichem Rühren erhitzen, bis sich der Zucker aufgelöst hat und die Mischung heiß, aber nicht kocht. Vom Herd nehmen.
b) Vanilleextrakt und Macchiato-Kaffeemischung unterrühren, bis alles gut vermischt ist.
c) Streuen Sie in einer separaten kleinen Schüssel das Gelatinepulver über das Wasser und lassen Sie es 5 Minuten lang ruhen, damit es blüht.
d) Nach 5 Minuten die Gelatinemischung 10–15 Sekunden lang in der Mikrowelle erhitzen, bis sich die Gelatine vollständig aufgelöst hat. Achten Sie darauf, nicht zu überhitzen.
e) Gießen Sie die Gelatinemischung in die Sahnemischung und rühren Sie gut um, um sicherzustellen, dass die Gelatine vollständig eingearbeitet ist.
f) Verteilen Sie die Mischung gleichmäßig auf Auflaufförmchen oder Serviergläser.
g) Stellen Sie die Förmchen oder Gläser in den Kühlschrank und lassen Sie sie mindestens 4 Stunden lang fest werden, oder bis die Panna Cotta fest ist.
h) Sobald die Panna Cotta fest ist, können Sie sie pur servieren oder eine Garnitur Ihrer Wahl hinzufügen, beispielsweise Schlagsahne, Schokoladenspäne oder einen Spritzer Karamellsauce.
i) Genießen Sie den cremigen und mit Kaffee angereicherten Macchiato Panna Cotta als köstliches Dessert!

ABSCHLUSS

Zum Abschluss unserer geschmackvollen Reise durch „Das perfekte kochbuch im machiatto-stil" hoffe ich, dass sich Ihr Kaffeeritual in eine Symphonie kräftiger und köstlicher Aromen verwandelt hat. Dieses Kochbuch ist nicht nur eine Sammlung von Rezepten; Es ist eine Hommage an die Kunst und das Handwerk, die in die Herstellung des perfekten Machiatto einfließen, der Ihrem individuellen Geschmack und Ihren Vorlieben entspricht.

Vielen Dank, dass Sie mich bei dieser Erkundung der Machiatto-Kreativität begleitet haben. Mögen diese Rezepte weiterhin Ihre Kaffeemomente inspirieren und jeden Schluck zu einem Moment der Freude und des Genusses machen. Während Sie die letzten Tropfen aus Ihrer Tasse genießen, möge die reichhaltige und kräftige Welt der Machiatto-Geschmacksrichtungen nachklingen und Sie bereit machen, sich auf ein weiteres Kaffeeabenteuer einzulassen.

Auf das ultimative Machiatto-Erlebnis. Möge Ihre Kaffeereise voller Kreativität, Geschmack und der puren Freude sein, die eine perfekt verarbeitete Tasse mit sich bringt. Viel Spaß beim Brauen!

www.ingramcontent.com/pod-product-compliance
Lightning Source LLC
Chambersburg PA
CBHW071310110526
44591CB00010B/847